El CORAZÓN *de* JESÚS

Lo que Él realmente siente por ti

«Este es un libro dulce y reconfortante que aumentará tu conocimiento, provocará tu adoración e inspirará tu devoción. Lo mejor de todo es que te ayudará a conocer, amar y confiar en nuestro Dios y Salvador, Jesucristo».

Tim Challies, autor, *Estaciones de aflicción*

«Durante una época difícil de mi vida, el Señor utilizó a Dane Ortlund para recordarme la hermosa realidad del amor de Cristo: que es manso y humilde de corazón, rebosante de amor perfecto y compasión por los pecadores como yo. Ahora, en *El corazón de Jesús*, encontramos estas reconfortantes verdades evangélicas aún más accesibles para las almas necesitadas y cansadas. Mi oración es que este libro se lea ampliamente y lleve a muchos a acercarse a Cristo en busca de misericordia purificadora y verdadero descanso».

Scott James, autor, *El sembrador*; *Mission Accomplished* [Misión cumplida]; *The Expected One* [El esperado]; y *El resucitado.*

«*El corazón de Jesús*, de Dane Ortlund, es un profundo viaje al núcleo mismo del ser de Cristo, que revela Su amor insondable y Su compasión sin fin por la humanidad. A través de reflexiones sobre las emociones, las acciones y el carácter inmutable de Cristo, Ortlund ilustra maravillosamente la profundidad del corazón de Jesús, invitando a los lectores a experimentar el poder transformador de Su amor. Este libro no solo revela el corazón de nuestro Salvador, sino que también nos reafirma en Su devoción eterna, convirtiéndolo en una lectura obligada para cualquiera que busque profundizar en su comprensión del amor sin límites de Dios».

Shane Pruitt, autor, *9 Common Lies Christians Believe* [Nueve mentiras comunes que creen los cristianos]; *Calling Out the Called* [Un llamado a los llamados]; y *Revival Generation* [La generación del avivamiento].

«Como abuelo al que le encanta leer a sus nietos, siempre estoy buscando buenos libros. Busco obras que les den alegría y que alimenten su amor por el Señor. También espero con impaciencia el día en que pueda darles grandes libros para que los lean por su cuenta. Uno de los primeros libros que pienso darles es *El corazón de Jesús*, de Dane Ortlund. No me sorprendería que lo leyeran una y otra vez, igual que yo he leído y releído *Manso y humilde*, de Ortlund».

Randy Newman, profesor sénior, Instituto C. S. Lewis; autor, *Questioning Evangelism* [Cuestionando la evangelización] y *Questioning Faith* [Cuestionando la fe]

«Durante el punto álgido de la cuarentena por la pandemia de 2020, recibí un ejemplar de *Manso y humilde*, de Dane Ortlund. No estoy seguro de que haya habido un libro más perfecto para mí, personalmente, en el momento justo. Me dio vida. Estoy agradecido de que las reflexiones bíblicas de Ortlund sobre el corazón de Jesús sean ahora accesibles a los miembros de la iglesia multigeneracional que pastoreo, personas que anhelo desesperadamente que se den cuenta del amor del Salvador. Creo que la Iglesia se fortalecerá en nuestro afecto por Cristo a medida que crezcamos en el conocimiento de Su corazón por nosotros. El evangelio es sin duda una buena noticia. Ortlund nos ha prestado un gran servicio al elaborar esta versión mucho más breve y fácil de leer del que considero su clásico moderno. Qué regalo que nos recuerden al Salvador que corre hacia nuestro sufrimiento y pecado en lugar de huir de ellos. Respira este profundo soplo de aire fresco».

Dean Inserra, pastor, City Church, Tallahassee, Florida; autor, *The Unsaved Christian* [El cristiano no salvo] y *A Short Guide to Church: What Is It All About? [Una guía breve sobre la iglesia: ¿de qué se trata?]*

«Cuando leí *Manso y humilde*, ¡cambió mi vida! En cuarenta y siete años en la iglesia, nunca había notado que Jesús se describiera a sí mismo de esta manera. También fue impresionante ver cómo Dane Ortlund describía a Dios Padre como tan bondadoso, basándose en las palabras de Jesús, cuando a mí me habían enseñado más bien la ira y la cólera de Dios. Como profesora de lengua en una escuela pública, he visto cómo los alumnos de hoy en día se han quedado atrás en la comprensión lectora y adquisición de vocabulario, y cómo su capacidad de atención se ha acortado. A la mayoría, la versión original le resultaría demasiado difícil o desistirían de intentar leerla. Estoy encantada de que se haya creado *El corazón de Jesús*, ¡y estoy impaciente por compartirlo con los estudiantes y los grupos de jóvenes de las iglesias!».

Jen C., madre y profesora, Carolina del Norte

Elogios para *Manso y humilde,* de Ortlund:

«Más allá del regalo tangible de este libro, se encuentra el regalo intangible del evangelio que *Manso y humilde* comparte con cualquiera que tenga el privilegio de leerlo. Nuestra humilde comunidad ha decidido leerlo juntos para que todos podamos conocer mejor el «diamante singular» del corazón de Cristo, tal como se transmite tanto en este libro y en la Palabra de Dios.

Thomas, recluso, Centro de Rehabilitación de San Quintín, California.

El CORAZÓN *de* JESÚS

Lo que Él realmente siente por ti

DANE ORTLUND

B&H
ESPAÑOL®
BRENTWOOD, TENNESSEE

El corazón de Jesús: Lo que Él realmente siente por ti

B&H Publishing Group
Brentwood TN, 37027

Diseño de portada: Jordan Singer

Clasificación decimal Dewey: 231.7
Clasifíquese: JESUCRISTO \ AMOR \ AMISTAD

ISBN: 979-8-3845-2488-5

Impreso en EE. UU.
1 2 3 4 5 * 28 27 26 25

Afectuosamente dedicado, con todo mi corazón,
a mis cinco magníficos hijos: Zach, Nate, Jer, Chloe y Ben

—Pero, por favor, por favor… podrías… ¿puedes darme algo que sane a mi madre?

Hasta ese momento había estado mirando las enormes patas delanteras del León y sus inmensas garras; ahora, en su desesperación, lo miró a la cara. Lo que vio le produjo la sorpresa más grande de su vida. Porque la rojiza cara estaba inclinada cerca de la suya y (maravilla de las maravillas) en los ojos del León había grandes y relucientes lágrimas. Eran tan grandes y tan brillantes sus lágrimas en comparación con las de Dígory, que por un instante sintió como si el León estuviese más afligido por su madre que él mismo.

—Hijo mío, hijo mío —dijo Aslan.

C. S. LEWIS, *El sobrino del mago*

Contenido

Introducción

ESTE ES UN LIBRO sobre el corazón de Jesucristo. ¿Quién es Él? ¿Quién es *realmente*?

¿Qué es lo más natural para Él? ¿Qué fluye con más libertad?

¿Quién *es*?

En 2021, B&H Publishing publicó una versión más completa del libro que ahora tienes en tus manos. Se llamaba *Manso y humilde: El corazón de Cristo para los pecadores y heridos*. El propósito de esta versión concisa de ese libro es hacer que el contenido sea más legible para una variedad de otros lectores: jóvenes, nuevos creyentes o cualquiera que desee reflexionar sobre el corazón de Cristo en un formato más breve y accesible. Muchas cosas se han suprimido y otras se han reescrito ligeramente teniendo en cuenta estos públicos diferentes. El resultado es este libro, *El corazón de Jesús*.

Tanto esta edición concisa como la versión más larga tienen el mismo objetivo: ayudar a los cristianos a ver que Jesús es maravillosamente diferente de lo que pensamos.

Solemos pensar que Jesús nos ama cuando hacemos las cosas bien, y nos soporta cuando no las hacemos tan bien. Pero la Biblia nos enseña algo diferente, algo sorprendente. El amor de Cristo por nosotros es igual de fuerte cuando estamos en nuestro peor momento, y de una manera que vamos a explorar, Su amor se vuelve incluso *más fuerte* cuando estamos en nuestro peor momento.

Cuando sufrimos o incluso cuando pecamos, ¿qué siente Jesús por nosotros? ¿Te has preguntado alguna vez qué piensa Jesús de ti? La Biblia responde a esta pregunta con una maravillosa sorpresa. Una cosa es preguntar qué ha hecho Cristo. Y hay muchos libros buenos sobre ese tema de cómo nos salva del pecado y del infierno. En este libro, no nos centramos principalmente en lo que Cristo ha hecho. Consideraremos quién es. Estas dos cuestiones (lo que ha hecho y quién es) están estrechamente relacionadas. Pero también son diferentes. El evangelio no solo nos da un nuevo comienzo, sino que también nos arroja al corazón de Cristo.

Puede que sepas que Cristo murió y resucitó en tu nombre para limpiarte de todos tus pecados; pero, ¿conoces lo más profundo de Su corazón, Sus sentimientos más profundos, por ti? ¿Vives sabiendo lo que hizo en la cruz para perdonar tus pecados? Pero, ¿vives también con el conocimiento de Su corazón anhelante por ti en medio de tus pecados?

Una esposa puede contarte muchas cualidades de su marido: su altura, su color de ojos, su educación, su trabajo, sus amigos, sus pasatiempos, su personalidad y su equipo deportivo favorito. Pero, ¿qué puede decir de su mirada cómplice a través de la mesa durante una cena en su restaurante favorito? Esa mirada refleja años de amistad cada vez más profunda, miles de conversaciones y discusiones que han superado, y una firme seguridad de aferrarse el uno al otro sea lo que sea que traiga el futuro. En un momento, esa mirada habla de su amoroso cuidado con más claridad que mil palabras. En resumen, ¿qué podría decir para comunicar el *corazón* de su marido por ella?

Una cosa es saber lo que dice y hace tu esposo, y cómo luce. Otra cosa, algo más profundo y real, es conocer su corazón por ti.

Lo mismo sucede con Cristo. Una cosa es conocer las verdades de que Él es Dios y que volverá un día y otras cien doctrinas vitales. Otra cosa, más profunda, es conocer Su corazón por ti.

¿Quién es Él?

1

Su corazón

... soy manso y humilde de corazón...

MATEO 11:29

MI PADRE ME DIJO una vez algo que había aprendido del viejo predicador británico Charles Spurgeon. En los cuatro Evangelios de Mateo, Marcos, Lucas y Juan —ochenta y nueve capítulos de la Biblia—, solo hay un lugar en el que Jesús nos habla de Su propio corazón.

En los cuatro Evangelios, aprendemos mucho sobre la enseñanza de Cristo. Leemos sobre Su nacimiento, Su ministerio y Sus discípulos. Se nos habla de Sus viajes y de Sus hábitos de oración. Encontramos largos discursos y enseñanzas. Nos enteramos de cómo entendía que Él cumplía todo el Antiguo Testamento. Y en los cuatro relatos, leemos sobre Su injusto arresto, Su vergonzosa muerte y Su asombrosa resurrección.

Pero solo en un lugar —quizás en las palabras más maravillosas jamás pronunciadas por labios humanos— oímos al propio Jesús abrirnos Su corazón:

> Venid a mí todos los que estáis trabajados y cargados, y yo os haré descansar. Llevad mi yugo sobre vosotros, y aprended de mí, que *soy manso y humilde de corazón*; y hallaréis descanso para vuestras almas; porque mi yugo es fácil, y ligera mi carga (Mat. 11:28-30).

En el único lugar de la Biblia en el que el Hijo de Dios descorre el velo y nos permite asomarnos al núcleo de lo que es, no se nos dice que sea «frío y exigente de corazón». No se nos dice que sea «exaltado y majestuoso de corazón». Ni siquiera se nos dice que es «alegre y generoso de corazón». Jesús establece los términos y hace la sorprendente afirmación de que es «manso y humilde de corazón».

Una cosa que hay que dejar clara desde el principio es que, cuando la Biblia habla del corazón, no se refiere simplemente a lo que sentimos o a nuestras emociones. El *corazón*, en las Escrituras, es la razón central de todo lo que hacemos. Es lo que nos levanta de la cama por la mañana y aquello en lo que pensamos mientras nos dormimos. Es nuestro cuartel general de motivación. El corazón, en términos bíblicos, no es parte de lo que somos, sino el centro de lo que somos. Es lo que nos define y nos dirige. El corazón impulsa todo lo que hacemos. Y cuando Jesús nos dice qué lo anima más profundamente, qué impulsa todo lo que hace, lo que encontramos allí es: manso y humilde.

¿A quién se le ocurriría semejante Salvador?

«Soy manso…». Esto significa que Jesús es dócil. Humilde. Tierno. No es de gatillo fácil. No es duro, reaccionario ni se irrita fácilmente.

Es la persona más comprensiva del universo. La postura más natural para Él no es el dedo acusador, sino los brazos abiertos para abrazar.

«... y humilde...». Decir que Jesús es humilde implica que es *accesible*. A pesar de Su majestuosa gloria y deslumbrante santidad, nadie en la historia de la humanidad ha sido más accesible que Jesucristo. No se necesita ningún boleto de admisión. No hay que sortear obstáculos. El estándar mínimo para ser acogido en el abrazo de Jesús es simplemente abrirse a Él. Es lo único que necesita. Es más, es lo único que usa.

El versículo 28 de nuestro pasaje en Mateo 11 nos dice explícitamente quién califica para la comunión con Jesús: «Todos los que [están] trabajados y cargados». No necesitas desahogarte o recuperarte antes de venir a Jesús. Tu misma carga es la que te califica para venir.

No hace falta ningún pago. Él declara: «Yo les *daré* descanso» (NTV). Su descanso es un regalo, no algo que saquemos de la cartera para pagar. El deseo de Jesucristo de que encuentres descanso, de que salgas de la tormenta, es más grande que tus propios deseos de descanso.

«Manso y humilde». Ese, según Su propio testimonio, es el corazón mismo de Cristo. Define quién es. Tierno. Abierto. Acogedor. Complaciente. Comprensivo. Dispuesto. *Si se nos pide que digamos una sola cosa sobre quién es Jesús, estaríamos honrando Su propia enseñanza sobre sí mismo si nuestra respuesta es: manso y humilde.*

Si Jesús tuviera Su propio sitio *web* personal, la línea que más se destacaría del menú desplegable «Acerca de mí» rezaría: Manso y humilde de corazón.

Una bondad tierna lo define. Es Su mismísimo corazón. Jesús mismo lo dijo.

2

Su corazón en acción

... y tuvo compasión de ellos...

MATEO 14:14

LO QUE VEMOS A Jesús afirmar con Sus palabras en Mateo 11:29 también lo vemos demostrar con Sus acciones una y otra vez en los cuatro Evangelios. Lo que Él es, eso hace. Su vida demuestra Su corazón. Consideremos los relatos de los Evangelios en su conjunto:

1. Cuando el leproso dice: «Señor, si quieres, puedes limpiarme», Jesús inmediatamente extiende Su mano y lo toca, con las palabras: «Quiero; sé limpio» (Mat. 8:2-3). La palabra *quieres/quiero,* tanto en la petición del leproso como en la respuesta de Jesús, es la palabra griega que denota «deseo» o «anhelo». El leproso preguntaba por el deseo más profundo de Jesús. Y Jesús reveló Su deseo más profundo curándolo.

2. Cuando un grupo de hombres lleva a Jesús a su amigo paralítico, Jesús está tan deseoso de ayudarlo que ni siquiera espera a que ellos hablen primero: «y al *ver* Jesús la fe de ellos, dijo al paralítico: "Ten ánimo, hijo; tus pecados te son perdonados"» (Mat. 9:2). Antes de que pudieran abrir la boca para pedir ayuda, Jesús no pudo contenerse... y palabras tranquilizadoras brotaron de Su boca.

3. Mientras viajaba de ciudad en ciudad, «al ver las multitudes, tuvo compasión de ellas; porque estaban desamparadas y dispersas» (Mat. 9:36). Entonces, les enseñaba y sanaba sus enfermedades (9:35). Solo al ver el desamparo de la multitud, se encendía la compasión.

4. La compasión llega en oleadas una y otra vez en el ministerio de Cristo. Su compasión lo impulsa a sanar a los enfermos: «y tuvo compasión de ellos, y sanó a los que de ellos estaban enfermos» (Mat. 14:14). Lo impulsa a alimentar a los hambrientos: «Tengo compasión de la gente, porque ya hace tres días que están conmigo, y no tienen qué comer» (15:32). Hace que enseñe a las multitudes: «y tuvo compasión de ellos, [...] y comenzó a enseñarles muchas cosas» (Mar. 6:34). Y lo lleva a enjugar las lágrimas de los que están tristes: «se compadeció de ella, y le dijo: No llores» (Luc. 7:13). La palabra griega para «compadecer» o «compasión» en todos estos textos se refiere a las entrañas de una persona. Es una forma antigua de referirse a lo que surge de lo más profundo. Esta compasión refleja el corazón más profundo de Cristo.

5. Dos veces en los Evangelios se nos dice que Jesús se quebró y lloró. Y en ninguno de los dos casos se trata de pena por sí mismo

o por Su propio dolor. En ambos casos, se trata del dolor por otro: en un caso, Jerusalén (Luc. 19:41), y en el otro, su amigo Lázaro, que acababa de morir (Juan 11:35). ¿Cuál era Su angustia más profunda? La angustia de los demás. ¿Qué hacía que Su corazón se desbordara hasta las lágrimas? Las lágrimas de los demás.

6. Una y otra vez, los moralmente repugnantes, los socialmente detestados, los desobedientes y los que no lo merecen son aquellos que no reciben tan solo la misericordia de Cristo, sino *aquellos a los que Cristo se acerca con mayor naturalidad*. Él es «amigo [...] de pecadores» (Luc. 7:34).

Cuando tomamos los Evangelios en su conjunto y consideramos la imagen total que se nos ofrece de quién es Jesús, ¿qué es lo que más destaca? Al igual que los delfines no pueden evitar saltar y los manzanos no pueden evitar dar manzanas, lo que ocurre en nuestro interior siempre se manifiesta a través de lo que hacemos. El corazón se revela en nuestras acciones. Y si las acciones de Jesús reflejan quién es Él en lo más profundo, no podemos evitar la conclusión de que la propia condición caída, que Él vino a deshacer, es lo que le resulta más irresistiblemente atractivo.

Esto es más profundo que decir que Jesús es amoroso o misericordioso o bondadoso. El testimonio de los cuatro Evangelios es que, cuando Jesucristo ve la condición caída del mundo a Su alrededor, Su impulso más profundo, Su instinto más natural es acercarse al pecado y al sufrimiento, no alejarse de ellos.

Una y otra vez en el ministerio terrenal de Jesucristo, Su corazón se negaba a dejarlo dormir hasta tarde. La tristeza lo confrontaba en cada pueblo. Y dondequiera que iba, siempre que se enfrentaba al dolor y a las ansias, abrazaba a los demás con misericordia purificadora.

El predicador inglés Thomas Goodwin dijo: «Cristo es amor revestido de carne».[1] Imagínatelo. Si la compasión se vistiera de cuerpo humano y se paseara por la tierra, ¿qué aspecto tendría?

No hace fata que nos lo preguntemos.

1 Thomas Goodwin, *The Heart of Christ* (Edimburgo: Banner of Truth, 2011), 61.

3

La felicidad de Cristo

... por el gozo puesto delante de él...

HEBREOS 12:2

IMAGINEMOS QUE UN MÉDICO compasivo ha viajado a lo más profundo de la selva para prestar asistencia médica a una tribu primitiva atormentada por una horrible enfermedad. Todo el equipo médico ha llegado por avión. El hombre ha identificado correctamente el problema, y la medicina está preparada y disponible. Es muy rico, y no necesita que le paguen nada. Pero cuando intenta atenderlos, los enfermos vuelven a internarse en la espesura de la selva. Quieren cuidar de sí mismos. Quieren curarse a sí mismos.

Finalmente, algunas jóvenes valientes dan un paso al frente para recibir los cuidados que se les dispensan en forma gratuita.

¿Qué siente el médico?

Gozo.

Su alegría aumenta a medida que los enfermos acuden a él en busca de ayuda y sanidad. Es la razón por la que vino.

Ahora imagina, ¿cuánta más alegría tendría si los que están enfermos no son extraños, sino su propia familia?

Así es con nosotros, y así es con Cristo. Él no se agita ni se frustra cuando acudimos a Él en busca de un nuevo perdón, de un perdón renovado, con angustia, necesidad y vacío. Y de eso se trata. Es lo que vino a solucionar. Voló a la jungla de nuestro mundo para sanar a quien lo deseara. Descendió al horror de la muerte y salió del otro lado para proporcionar un suministro inagotable de misericordia y gracia a Su pueblo.

Cuando acudes a Cristo en busca de misericordia y amor y ayuda en tu tristeza y pecaminosidad, vas *con* el flujo de Sus propios deseos más profundos, no en contra de ellos.

Dicho al revés: cuando nos reprimimos, acechando en las sombras, temerosos y fracasando, nos perdemos no solo nuestro propio consuelo, sino también el consuelo de Cristo. Él vive para esto. Es lo que le encanta hacer. Su alegría y la nuestra crecen y decrecen juntas.

Pero ¿es bíblica esta forma de pensar?

Considera Hebreos 12. Allí, a Jesús se lo llama «el autor y consumador de la fe, el cual *por el gozo puesto delante de él* sufrió la cruz, menospreciando el oprobio, y se sentó a la diestra del trono de Dios» (Heb. 12:2).

«Por el gozo». ¿Qué gozo? ¿Qué le esperaba a Jesús al otro lado de la cruz?

La alegría de ver a Su pueblo disfrutar de lo que celebra todo el libro de Hebreos: el perdón purificador que nos libra del pecado. Jesús experimenta gozo cuando nos ve a ti y a mí, Sus propios hermanos y hermanas, recibiendo la medicina de Su gracia y amor.

Quizás nos parezca más natural pensar que Jesús se goza principalmente cuando le obedecemos. Bueno, queremos agradarle y obedecerle, y seguramente eso también alegra Su corazón.

Pero también se emociona, con todo Su poderoso corazón, cuando nos permitimos sentirnos verdaderamente perdonados. Se alegra de que recibamos Su amor no de forma comedida, sino con total libertad. ¿Querría un padre con un niño asfixiado que su hijo respirara del tanque de oxígeno de forma comedida y contenida?

Recuerda que la Biblia habla de nosotros como el cuerpo de Cristo. Él es la cabeza; nosotros somos las partes de Su cuerpo. ¿Qué siente una cabeza por su propia carne? El apóstol Pablo nos dice que «la sustenta y la cuida» (Ef. 5:29). Y luego Pablo hace la conexión explícita con Cristo: «como también Cristo a la iglesia, porque somos miembros de su cuerpo» (5:29-30). ¿Cómo cuidamos una parte del cuerpo herida? La atendemos, la vendamos, la protegemos y le damos tiempo para curarse. Porque esa parte del cuerpo no es solo un amigo íntimo; es parte de nosotros.

Así sucede con Cristo y los creyentes. Somos parte de Él. Por eso el Cristo resucitado pregunta a un perseguidor de Su *pueblo*: «¿Por qué *me* persigues?» (Hech. 9:4). Cuando los hijos de Dios se duelen, Jesús mismo se duele.

Jesucristo es reconfortado cuando sacas de las riquezas de Su obra expiatoria, porque Su propio cuerpo se está curando.

4

Capaz de compadecerse

... Porque no tenemos un sumo sacerdote que no pueda compadecerse de nuestras debilidades...

HEBREOS 4:15

LOS PURITANOS FUERON UN grupo de pastores ingleses del siglo XVII. Sus escritos y sus predicaciones tenían una fuerza especial porque combinaban una gran perspicacia teológica con un corazón inocente de amor a Dios. Además, sus mentes y corazones estaban empapados de las Escrituras. Un libro típico escrito por un puritano tomaba un solo versículo de la Biblia, lo exprimía para extraer todo el consuelo y la esperanza que se pueden encontrar en él, y luego, varios cientos de páginas más tarde, era enviado a un editor.

Uno de esos puritanos era un hombre llamado Thomas Goodwin. En 1651, escribió un libro titulado *El corazón de Cristo en el cielo hacia los pecadores en la tierra*. El único versículo sobre el cual reflexionaba y que exprimía al máximo era Hebreos 4:15:

> Porque no tenemos un sumo sacerdote que no pueda compadecerse de nuestras debilidades, sino uno que fue tentado en todo según nuestra semejanza, pero sin pecado.

El propósito del libro de Goodwin es ayudar a los cristianos de todas las edades que están desanimados a entender algo muy importante sobre Jesús. Esta verdad es difícil de creer porque es tan maravillosa. El objetivo de Goodwin es convencernos de que, aunque Jesús esté ahora en el cielo y ya no podamos verlo, es tan abierto y tierno en Su abrazo a los pecadores y a los que sufren como cuando estaba en la tierra. En otras palabras, Jesús es tan accesible y compasivo ahora, desde el cielo, como lo fue cuando caminaba por la tierra.

Imagina que un amigo toma tu mano y la coloca sobre el pecho de tu padre para sentir los latidos de su corazón. Goodwin dice que Hebreos 4:15 es como ese amigo. Este versículo toma nuestra mano y la pone sobre el propio corazón de Jesucristo. Dice que este versículo «nos hace sentir cómo late Su corazón y cómo Sus afectos se vuelcan hacia nosotros».[1]

Pero ¿qué dice exactamente Hebreos 4:15? Es un verso profundamente sorprendente. Observa la palabra «debilidades»: «Porque no tenemos un sumo sacerdote que no pueda compadecerse de nuestras debilidades, sino uno que fue tentado en todo según nuestra semejanza, pero sin pecado». Tendemos a pensar que Jesús está con nosotros y nos ayuda cuando la vida va bien. Sin duda, es cierto. Pero este texto añade otra verdad. De manera especial, es en «nuestras debilidades» donde Jesús se compadece de nosotros. En toda nuestra

1 Thomas Goodwin, *The Heart of Christ* (Edimburgo: Banner of Truth, 2011), 48.

debilidad —nuestro miedo, nuestra ansiedad, nuestra soledad, todo lo que nos hace sentir débiles—, Jesús «se compadece» de nosotros.

Pero ¿qué significa eso? La palabra griega para *compadecerse* aquí significa «sufrir junto con» o «compartir el sufrimiento». En otras palabras: *Cuando somos débiles, Él siente esa debilidad con nosotros.*

La palabra teológica para esto es *solidaridad*, que implica empatía y compañía. Él está ahí mismo *con* nosotros. En nuestro dolor, Jesús se duele. En nuestro sufrimiento, siente el sufrimiento como propio, aunque no lo sea. Esto no significa que Su divinidad invencible (el hecho de que sea Dios) se vea amenazada. Significa que Su corazón se siente atraído a nuestra tristeza y nuestra debilidad. Su amor es un tipo de amor especial que no puede contenerse cuando ve a Su pueblo sufriendo.

Pero ¿cómo sabemos que Jesús comprende realmente el desánimo al que nos enfrentamos? El texto nos lo dice: Él fue «tentado» (o probado) «según nuestra semejanza». No solo eso, sino también «en todo», tal como nosotros. La razón por la que Jesús es tan solidario con nosotros es que el difícil camino que estamos recorriendo no es exclusivo de nosotros. Él mismo lo ha recorrido. No se trata solo de que Jesús pueda aliviarnos de nuestros problemas, como un médico que receta medicinas; se trata también de que, antes de que llegue el alivio, está con nosotros en nuestros problemas, como un médico que ha padecido la misma enfermedad.

Jesús no es un superhéroe de Marvel, demasiado fuerte y poderoso como para identificarse con los débiles. Fue un hombre sin pecado, no un superhombre sin pecado. Se despertaba con el cabello revuelto. Probablemente tenía granos a los trece años. Nunca habría aparecido en la portada de una revista (se lo describe «sin atractivo para que le deseemos», Isa. 53:2). Vino como un hombre normal a nosotros, hombres y mujeres normales, niños y niñas normales. Sabe lo que es tener sed, hambre, ser odiado, rechazado, ridiculizado, excluido, avergonzado, abandonado y malinterpretado. Sabe lo que es sentirse solo. Sus amigos lo abandonaron cuando más los necesitaba; si hubiera vivido hoy, hasta el último amigo de Facebook lo habría eliminado de su cuenta cuando cumplió treinta y tres años y fue crucificado.

La clave para comprender el significado de Hebreos 4:15 es hacer el mismo énfasis en las dos frases «en todo» *y* «pero sin pecado». Toda nuestra debilidad —de hecho, toda nuestra vida— está manchada de pecado. Si el pecado fuera el color azul, no diríamos o haríamos algo azul de vez en cuando; todo lo que decimos, hacemos y pensamos tiene algo de azul. No fue así con Jesús. Él no cometió pecado alguno. Nada de azul. Era «santo, inocente, sin mancha, apartado de los pecadores» (7:26). Pero debemos ponderar la frase «en todo» (4:15) de una manera que mantenga la impecabilidad de Jesús sin diluir lo que esa frase significa. Esa tentación incitante, esa prueba dolorosa, esa perplejidad desconcertante: Él las experimentó. De hecho, porque es perfecto, sintió estos dolores más agudamente de lo que nosotros, pecadores, jamás podríamos.

Considera tu propia vida.

Cuando parezca que todo el mundo está en tu contra, quizás incluso tus propios padres… cuando no entiendas tus sentimientos o emociones… cuando tu mejor amigo te decepcione… cuando te sientas profundamente incomprendido… cuando se rían de ti… esto es lo que debes saber: ahí, justo ahí, tienes un Amigo que sabe exactamente cómo es esa tristeza. Él mismo la siente. Le perteneces a Jesús. Y aunque tus amigos ya no quieran tu amistad, Jesús nunca te hará eso.

Nuestra tendencia es sentir que, cuanto más difícil se pone la vida, más solos estamos. A medida que nos hundimos más en el dolor, nos hundimos más en el aislamiento. La Biblia nos corrige. Él está *en* nosotros, y soporta nuestro dolor con nosotros. Nunca estamos solos. El dolor que nos es tan propio fue soportado por Él en el pasado y ahora es cargado por Él en el presente.

Si estás en Cristo, tienes un Amigo que, en tu dolor, nunca te enviará una palabra de ánimo desde el cielo. No soporta mantenerse a distancia. Nada puede retenerlo. Su corazón está demasiado ligado al tuyo.

5

Nunca le echaré fuera

... al que a mí viene, no le echo fuera.

JUAN 6:37-39

LOS PENSADORES PURITANOS TENÍAN mucho en común entre sí, pero no todos eran iguales. Algunos, como Thomas Goodwin, eran muy educados y predicaban en la corte real. Pero otros eran pobres e incultos. John Bunyan fue uno de ellos.

A Bunyan se lo conoce mayormente por haber escrito *El progreso del peregrino*, un relato sobre la vida cristiana, y es, además de la Biblia, el libro más vendido de la historia. Pero también escribió más de cincuenta libros. Uno se titula *Come and Welcome to Jesus Christ* [Venid y sed bienvenidos a Jesucristo], escrito en 1678.

La calidez del título refleja el tono de todo el libro. En el típico estilo puritano, Bunyan tomó un solo versículo y escribió un libro entero sobre él. El versículo para el libro es Juan 6:37, donde Jesús declara:

> Todo lo que el Padre me da, vendrá a mí; y al que a mí viene, no le echo fuera.

Este era uno de los versículos favoritos de Bunyan, como demuestra la frecuencia con que lo cita a lo largo de sus escritos. Pero en este libro en particular, toma el texto y se centra en él, especialmente en la segunda mitad del versículo: «al que a mí viene, no le echo fuera».

En el centro de su libro, Bunyan confronta nuestras sospechas naturales de cómo es Jesús. Podemos tender fácilmente a pensar que Jesús es acogedor con los demás, pero no tanto con nosotros. Claro que recibe con brazos abiertos a los demás, pero ¿a mí? Bunyan rechaza una a una nuestras razones para no venir a Jesús.

> *Pero soy un gran pecador,* dices tú.
> «De ningún modo te echaré fuera», dice Cristo.
> *Pero soy un viejo pecador,* dices tú.
> «De ningún modo te echaré fuera», dice Cristo.
> *Pero soy un pecador de corazón endurecido,* dices tú.
> «De ningún modo te echaré fuera», dice Cristo.
> *Pero soy un pecador reincidente,* dices tú.
> «De ningún modo te echaré fuera», dice Cristo.
> *Pero yo he servido a Satanás toda mi vida,* dices tú.
> «De ningún modo te echaré fuera», dice Cristo.
> *Pero he pecado contra la luz,* dices tú.
> «De ningún modo te echaré fuera», dice Cristo.
> *Pero he pecado contra la misericordia,* dices tú.
> «De ningún modo te echaré fuera», dice Cristo.
> *Pero no tengo nada bueno para aportar,* dices tú.
> «De ningún modo te echaré fuera», dice Cristo.

Esta promesa se hizo para responder a todas las objeciones, y las responde.[1]

La expresión traducida «de ningún modo» era una forma inglesa del siglo XVII de captar el lenguaje fuerte del griego original de Juan 6:37. El texto dice literalmente: «Al que a mí viene, no le echo fuera... *¡no!*». A veces, como en este caso, el griego utiliza dos negaciones («no» y «no») apiladas una encima de otra para dar mayor fuerza a lo que se dice. La idea es: «Sin lugar a duda, nunca jamás te echaré fuera».

¿Qué nos está diciendo Jesucristo?

La declaración de Jesús en Juan 6:37, y el libro *Come and Welcome to Jesus Christ*, y la larga cita de arriba en el centro de ese libro, todo existe para calmarnos con la naturaleza *perseverante* del corazón de Cristo.

Él dice: «Ven a mí».

Nosotros decimos: «Pero no merezco...».

Él dice: «Ven tal cual eres. *Jamás te echaré fuera*».

Los pecadores ansiosos como nosotros somos infinitos en nuestra capacidad de ver razones para que Jesús nos eche. Imagina una gran fábrica de papel al lado de la autopista, con varias chimeneas enormes que echan humo mientras la fábrica produce miles de papeles por hora. Somos como esa fábrica. Constantemente producimos, hora tras hora, razones para creer que Jesús se dará por vencido con nosotros. Somos fábricas de nuevas resistencias al amor de Cristo.

1 John Bunyan, *Come and Welcome to Jesus Christ*, en *The Works of John Bunyan*, ed. George Offor, 3 vols. George Offor, 3 vols. (reimp., Edimburgo: Banner of Truth, 1991), 1: 279-80. He actualizado ligeramente el lenguaje.

Incluso cuando se nos acaban las razones tangibles para ser expulsados, como pecados o fracasos concretos, solemos conservar una vaga sensación de que, con el tiempo suficiente, Jesús acabará cansándose de nosotros y nos mantendrá a distancia. Bunyan nos entiende. Sabe que tendemos a desviar las garantías que nos da Cristo.

«No, espera», le decimos, acercándonos cautelosamente a Jesús, «no lo entiendes. *Realmente* he fallado, de muchísimas maneras».

Lo sé, te responde.

«Conoces la mayor parte, seguro. Desde luego, más de lo que ven los demás. Pero hay una ruptura dentro de mí que está oculta a todo el mundo».

Yo conozco todo.

«Bueno... la cosa es que no es solo mi pasado. Es mi presente también.»

Lo comprendo.

«Pero no sé si podré liberarme de esto pronto».

Esa es la única clase de persona a la que estoy aquí para ayudar.

«La carga es pesada... y cada vez se vuelve más pesada».

Entonces, déjame llevarla.

«Es demasiado para soportar».

No para mí.

«No lo entiendes. Mis errores no están dirigidos a los demás. Son en contra de ti».

Entonces yo soy el más indicado para perdonarlos.

«Pero cuanta más fealdad descubras en mí, antes te hartarás de mí».

Al que a mí viene, no le echo fuera.

Caso cerrado. No podemos presentar una razón para que Jesucristo cierre Su corazón a Sus propias ovejas. Esa razón no existe.

Todo amigo humano tiene un límite. Si les hacemos suficiente daño, quedamos afuera. Una pared se cierne entre nosotros.

Con Cristo, sin embargo, nuestros pecados y debilidades son precisamente los que nos califican para acercarnos a Él. No se requiere otra cosa que acudir a Él: primero en la conversión, y diez mil veces a lo largo de nuestra vida presente hasta que estemos con Él en el cielo.

Y observa que lo único que se requiere para gozar de tal amor es acudir a Él. No dice: «El que a mí viene y se siente *realmente* mal por su pecado». No dice: «El que a mí viene y promete hacerlo mejor la próxima vez».

Sencillamente, dice: «Al que a mí viene, no le echo fuera».

Cuando te acerques a Él, descansa en la certeza de que te tiene más agarrado que tú a Él. Mi familia pasa las vacaciones todos los años en el sur de Florida. Cuando Benjamin, mi hijo de dos años, empieza a vadear las olas del mar, extiende la mano y toma la mía. Se agarra con fuerza mientras el agua se hace cada vez más profunda. Pero el agarre de un niño de dos años no es muy fuerte. Al poco tiempo, ya no es él quien se aferra a mí, sino yo quien me aferro a él. Librado a sus propias fuerzas, se desprendería de mi mano. Pero si he determinado que no caerá de mi agarre, está seguro. No podría soltarse de mí aunque lo intentara.

Lo mismo sucede con Cristo. Nos aferramos a Él, sin duda. Pero nuestro agarre es el de un niño de dos años en medio de las tempestuosas olas de la vida. Su agarre seguro de nosotros nunca vacila.

¿Te das cuenta de lo que ocurre contigo si estás en Cristo? Para que te faltara el abrazo amoroso del corazón de Cristo, Él mismo tendría que ser bajado del cielo y vuelto a meter en la tumba. Eso no va a pasar. Y esa es la certeza de que nunca te va a echar fuera. No puede soportar la idea de separarse de los suyos, incluso cuando más merecen ser abandonados.

Nosotros decimos: «Pero yo…».

Él dice: «Al que a mí viene, no le echo fuera». Para los que están unidos a Él, Jesús no es como tu maestro, que te da buenas notas si tu desempeño es lo suficientemente bueno. Es el hermano mayor perfecto, que siempre te defenderá. No eres un trabajador contratado; ahora formas parte de la familia.

Su corazón nunca se enfriará hacia ti, por mucho que te equivoques o fracases. Jamás te echará fuera. Esto define quién es. Este es Su corazón.

6

Perpetuamente

... viviendo siempre para interceder por ellos.

HEBREOS 7:25

¿QUÉ ESTÁ HACIENDO JESÚS ahora?

Sabemos lo que hizo hace 2000 años, en Su vida, muerte y resurrección, para salvarnos. Pero ¿y ahora, en el cielo? ¿Está acaso de brazos cruzados, planeando Su regreso pero un poco aburrido mientras tanto?

Para nada. Jesús está participando con todo Su corazón, por ti, ahora mismo, incluso mientras lees este libro.

¿Y qué está haciendo?

La enseñanza del Nuevo Testamento es la siguiente: está *intercediendo* por Su pueblo.

La palabra *interceder* puede ser nueva para algunos de nosotros. Significa simplemente hablar a favor de otra persona. Imagina que tú y tu familia llegan a casa y encuentran una ventana rota en tu dormitorio, y tus padres suponen que tú la rompiste. Si tu hermano entrara y se pusiera a tu lado y hablara por ti, defendiéndote, pidiéndole a tu padre que creyera en tu inocencia, tu hermano estaría *intercediendo* por ti.

Eso es lo que Jesús, tu hermano mayor en la familia de Dios, hace por ti cada día.

¿Cómo refleja la intercesión de Cristo Su corazón? Piénsalo de esta manera. El corazón de Cristo es una realidad constante que fluye a través del tiempo. Su corazón no palpitó por Su pueblo cuando estaba en la tierra solamente y se entibió ahora que está en el cielo. Su corazón no fluyó en un arrebato de misericordia que lo llevó hasta la cruz, pero ahora se enfrió. Su corazón se siente tan atraído por Su pueblo ahora como siempre lo estuvo en Su estado encarnado. *Y la demostración actual del corazón por Su pueblo es Su constante intercesión a su favor.*

Sin embargo, puede resultar un poco confuso entender lo que Jesús tiene que hacer hoy. ¿No hablamos acaso de «la obra consumada de Cristo en la cruz»? Si hizo todo lo necesario para salvarnos, ¿qué más tiene que hacer hoy?

La respuesta es que la intercesión *aplica* lo que la expiación *logró*. La expiación ganó nuestra salvación; la intercesión es la aplicación momento a momento de esa victoria. En el pasado, Jesús hizo aquello de lo que ahora habla; en el presente, Jesús habla de lo que hizo en ese entonces. Piensa en cuando haces clic en el botón de actualización de un sitio *web*. La intercesión es como si Jesús estuviera presionando «actualizar» constantemente en nuestra condición de inocente en el tribunal del cielo. El Padre y los ángeles se deleitan al escuchar hora tras hora cómo Jesucristo habla en nombre de Sus hermanos y hermanas pecadores de la tierra.

John Bunyan, el autor puritano del que hablamos en el último capítulo, escribió un libro entero sobre la intercesión celestial de Cristo titulado *Christ a Complete Savior* [Cristo, un Salvador completo]. Explica que la doctrina de la intercesión es una cuestión del corazón de Cristo. Está el lado «matemático» de nuestra salvación: Jesús pagó nuestra deuda y ahora estamos libres de la culpa de nuestros pecados. Pero también está Su intercesión, que simplemente refleja el puro deleite de Jesús al celebrar sin cesar esa libertad de la que ahora disfrutamos. Bunyan señala que si supiéramos que Jesús pagó nuestra deuda, pero creyéramos que nos mira con frialdad, que nos mantiene a distancia, no vendríamos a Él.[1] Necesitamos saber tanto que pagó nuestra deuda como que *quería* pagar nuestra deuda. Porque nos quería a *nosotros.*

El pasaje bíblico clave sobre la intercesión de Cristo es Hebreos 7:25:

> Por lo cual puede también salvar perpetuamente a los que por él se acercan a Dios, viviendo siempre para interceder por ellos.

La frase «perpetuamente» es una palabra griega (*pantelés*). Significa totalidad, plenitud, totalidad absoluta, como una piscina tan llena que rebosa.

¿Qué sentido tiene decir que Cristo salva «perpetuamente»? Los que conocemos nuestro corazón lo entendemos. Somos pecadores perpetuos. Necesitamos un Salvador perpetuo.

Y así es Jesús.

Jesús no da un paso hacia nosotros, pidiéndonos que demos un paso hacia Él. Nos salva por completo. Es un Salvador con todas

1 John Bunyan, *Christ a Complete Savior*, en *The Works of John Bunyan*, ed. George Offor, 3 vols. (reimp., Edimburgo: Banner of Truth, 1991), 1:221.

las letras. Nuestra presencia en el amor y la familia de Dios nunca chisporroteará y morirá, como un motor que se queda sin gasolina.

Hay pequeños lugares de nuestras vidas, incluso cuando somos muy jóvenes, a los que nos cuesta creer que llega el perdón de Dios. *Decimos* que estamos totalmente perdonados. Y realmente creemos que nuestros pecados son perdonados. Bueno, en su mayoría. Pero hay una parte profunda y oscura de nuestras vidas que parece tan perdida, tan fea, tan irrecuperable. «Perpetuamente» en Hebreos 7:25 significa: el toque perdonador, redentor y restaurador de Dios llega hasta los lugares de nuestra vida en los que nos sentimos más avergonzados, más derrotados. Más aún: en esos lugares oscuros es donde Cristo más nos ama. Su corazón voluntariamente va allí. Es donde Su corazón se siente *más* fuertemente atraído. Nos conoce perpetuamente, y nos salva perpetuamente, porque Su corazón está atraído a nosotros perpetuamente. No hay pecado que nos aparte de Su tierno cuidado.

Pero ¿cómo lo sabemos? El texto nos lo dice. «Por lo cual puede también salvar perpetuamente a los que por él se acercan a Dios, *viviendo siempre para interceder por ellos*». La intercesión celestial de Cristo es la razón por la que sabemos que nos salvará perpetuamente.

Significa lo siguiente. El Hijo divino no cesa nunca (observa la palabra «siempre» en el versículo) de llevar Su vida, Su muerte y Su resurrección expiatorias ante Su Padre momento a momento. La Biblia reconoce aquí que los cristianos somos pecadores continuos. ¡Qué esperanzador y realista! Jesús sigue intercediendo por nosotros en el cielo porque seguimos fallando aquí en la tierra. No nos perdona a través de Su obra en la cruz y luego espera que nos arreglemos solos el resto del camino.

Imagina un planeador que un avión eleva hacia el cielo y que pronto se suelta para descender flotando a tierra. Nosotros somos ese planeador; Cristo es el avión. Pero Él nunca se desengancha. Jamás nos suelta y nos desea lo mejor, esperando que podamos deslizarnos el resto del camino hasta el cielo. Nos acompaña todo el trayecto.

¿Eres cristiano? ¿Has reconocido tu pecado y le has pedido a Jesús que te salve? Si es así, Jesús está intercediendo por ti ahora mismo. La persona más poderosa del universo te está defendiendo, a pesar de las muchas razones que le has dado para que te abandone. Él nunca lo soltará. Su corazón no se lo permite. Nuestro pecado es perpetuo. Pero Su salvación también es perpetua. Y Su salvación siempre supera nuestro pecado, porque Él vive siempre para interceder por nosotros.

7

La belleza del corazón de Cristo

El que ama a padre o madre más que a mí,
no es digno de mí...

MATEO 10:37

EN EL VERANO DE 1740, el pastor y teólogo Jonathan Edwards predicó un sermón solo a los niños de su congregación, de edades comprendidas entre uno y catorce años. Imagina al brillante teólogo preparando un sermón en su estudio de Northampton, Massachusetts, pensando qué decir a los niños de seis, ocho y diez años de su iglesia. El sermón que escribió con su letra pequeña y delicada abarcaba doce pequeñas páginas. La parte superior de la primera página decía simplemente: «A los niños, agosto de 1740».[1]

¿Qué esperarías que el mayor teólogo de la historia de Estados Unidos les dijera a los niños de su congregación?

1 Jonathan Edwards, «Children Ought to Love the Lord Jesus Christ Above All», en *Sermons and Discourses 1739-1742*, ed. Harry S. Stout y Nathan O. Hatch, vol. 22 de *The Works of Jonathan Edwards* (New Haven, CT: Yale University Press, 2003), 169.

Este fue el punto principal de Jonathan Edwards: «Los niños deben amar al Señor Jesucristo sobre todas las cosas del mundo».[2]

Tomó como texto Mateo 10:37, donde Jesús dice: «El que ama a padre o madre más que a mí, no es digno de mí». Fue un sermón breve, que duró unos quince minutos. En él, Edwards expone seis razones por las que los niños deberían amar a Jesús más que a cualquier otra cosa en la vida. La primera es:

> No hay amor tan grande y tan maravilloso como el que hay en el corazón de Cristo. Él se deleita en la misericordia; está dispuesto a compadecerse de los que están en circunstancias de sufrimiento y dolor; y se deleita en la felicidad de Sus criaturas. El amor y la gracia que Cristo ha manifestado superan tanto a todo lo que hay en este mundo como el sol es más brillante que una vela. Los padres suelen ser bondadosos con sus hijos, pero esa bondad no es como la de Jesucristo.[3]

Algunos de los que leen este libro tuvieron malos padres. Tal vez hubo alguna dificultad entre tú y ellos, incluso esta semana. Algunos tuvieron buenos padres, que realmente los quisieron bien. Lo que Jonathan Edwards está diciendo es: El amor del mejor padre del mundo no se compara con el de Jesús.

Y este amor de Jesús no solo es grande y maravilloso. Es hermoso. El mejor amor del mundo es como una vela; el amor de Cristo por ti es como el sol. Es hermoso, o encantador. Más tarde, en su sermón a los niños, comenta:

> Todo lo que hay de bello en Dios está en Cristo, y todo lo que hay o puede haber de bello en un hombre está en Él, porque es

2 Edwards, «Children Ought to Love the Lord», en *Works*, 22:171.

3 Edwards, «Children Ought to Love the Lord», en *Works*, 22:171.

> hombre además de Dios, y es el hombre más santo, más manso, más humilde y, en todos los sentidos, más excelente que haya existido jamás.[4]

Lo que Jonathan Edwards está diciendo en este sermón, y lo que estoy tratando de decir en este capítulo, es lo siguiente: Somos atraídos a Dios por la belleza del corazón de Jesús. La grandeza de Jesucristo nos humilla, pero Su corazón nos derrite. Su poder nos hace inclinarnos en reverencia, pero Su belleza nos hace querer caer en Sus brazos.

¿Hemos considerado la belleza del corazón de Cristo?

Tal vez la belleza no sea una categoría que nos venga a la mente cuando pensamos en Cristo. Quizás pensamos en Él en términos de verdad, no de belleza. Pero la única razón por la que nos preocupamos por la verdad y la doctrina es preservar la belleza de Dios, del mismo modo que la única razón por la que nos preocupamos por conseguir la graduación correcta para nuestras gafas es poder ver con claridad.

Tal vez hayas oído hablar mucho de Jesús a lo largo de los años, pero no te sientes realmente atraído por Él. Seas joven o mayor, un nuevo creyente en Jesús o alguien que lleva décadas creyendo en Él, ¿cómo sería si te dejaras atraer por Jesús a través de la belleza de Su corazón? Permite que el corazón de Jesús sea algo más que amable contigo, sino también lleno de amor para ti. Piensa en Él a la luz de Su corazón. Déjate atraer por Él.

¿Por qué no incorporas a tu vida momentos de tranquilidad sin prisas en los que consideres el resplandor de quién es Él en realidad

4 Edwards, «Children Ought to Love the Lord», en *Works*, 22:172.

y cuál es Su deleite más profundo? ¿Por qué no dar espacio a tu alma para que se encante con Jesucristo una y otra vez?

Cuando observas a los gloriosos cristianos mayores de tu iglesia, ¿cómo crees que han llegado hasta ahí? Sana doctrina, sí. Obediencia decidida a Dios, sin duda. Sufrimiento sin queja, seguro.

Pero quizás otra razón, tal vez la más profunda, es que, con el tiempo, un Salvador hermosamente tierno se ha ganado sus afectos más profundos. Quizás simplemente han saboreado, a lo largo de muchos años, la sorpresa de un Cristo al cual sus mismos pecados atraen en lugar de alejar. Tal vez no solo han sabido que Jesús los amaba, sino que lo han sentido.

No podemos cerrar este capítulo sin pensar en los niños de nuestras vidas. Tal vez algunos de los que lean este libro sean bastante jóvenes. Si llegaste hasta aquí, ¡bien hecho!

Jonathan Edwards les decía a los niños que conocía: «No hay amor tan grande y tan maravilloso como el que hay en el corazón de Cristo». ¿Cómo podríamos, a nuestra manera y en nuestro tiempo, comunicar este amor a los niños que nos rodean?

¿Qué necesitan los niños a los que saludamos en los pasillos de nuestras iglesias? ¿Qué necesitan más que nada? Sí, necesitan amigos, ánimo, ayuda con los deberes y tres comidas al día. Pero su necesidad más profunda, lo que los sostendrá cuando todas estas otras necesidades queden sin suplir, es sentir la belleza abrumadora de lo que Jesús es para ellos. Lo que realmente siente por ellos, independientemente de lo bien que les vaya en la vida y en la escuela y en las amistades.

Si eres un joven que está creciendo en una familia cristiana, o tal vez un estudiante universitario que se ha hecho cristiano recientemente, lo más importante que debes conocer es la tierna belleza del corazón de Jesucristo para ti en tus buenos momentos y en tus *malos momentos*. Él te ama con todo Su poderoso corazón.

Si tienes hijos, lo más importante que puedes hacer por ellos es mostrarles que incluso el mejor amor de una madre o un padre es la sombra de un amor más grande de Cristo. Nuestro objetivo es hacer que el tierno corazón de Cristo sea irresistible e inolvidable para nuestros niños. Nuestro objetivo central es que nuestros hijos salgan de casa a los dieciocho años y sean incapaces de vivir el resto de sus vidas creyendo que sus pecados y sufrimientos repelen a Cristo.

Que Jesús es manso y humilde de corazón no solo es verdad. También es hermoso. Deja que Su tierna belleza te atraiga a Sus brazos este mismo día; no cuando lo sigas mejor, sino ahora, ahora mismo.

8

La vida emocional de Cristo

Jesús entonces, al verla llorando,
[...] se estremeció en espíritu y se conmovió.

JUAN 11:33

SEA LO QUE SEA que signifique ser humano, Jesús lo era y lo es. No tuvo pecado, pero en todos los demás aspectos, era un verdadero ser humano.

Tenía huellas digitales. Sus ojos eran de un color determinado. Se cortaba las uñas de los pies y se lavaba los dientes. Se cansaba y dormía. A veces, lloraba.

Y hay un hecho particular de ser humano que él también experimentó, aunque no hablemos mucho de ello: tenía emociones.

Nuestras emociones están infectadas de pecado, por supuesto. Pero las emociones no son en sí mismas un resultado de la caída. Jesús experimentó toda la gama de emociones que nosotros experimentamos (Heb. 2:17; 4:15).[1]

1 B. B. Warfield, *The Person and Work of Christ* (Oxford, UK: Benediction Classics, 2015), 137-38.

Un gran teólogo, B. B. Warfield (1851-1921), escribió un famoso ensayo en 1912 titulado «Sobre la vida emocional de nuestro Señor». En él, exploraba lo que la Biblia nos muestra sobre las emociones de Cristo. En otras palabras, ¿qué aprendemos de Mateo, Marcos, Lucas y Juan sobre lo que Jesús sentía?

Warfield comienza su estudio de las emociones específicas en la vida de Cristo señalando que, cuando leemos detenidamente los cuatro Evangelios, la emoción más común en la vida de Jesús es la compasión.[2] Da varios ejemplos, mientras que todo el tiempo trata de ayudarnos a ver que Jesús no solo era compasivo en Sus acciones, sino que de hecho sentía agitación interior y piedad hacia los desafortunados. Cuando los ciegos, los cojos y los tristes acudían a Jesús, «Su corazón respondía con un profundo sentimiento de piedad hacia ellos».[3]

Por ejemplo, oír la súplica de dos ciegos que imploraban ver (Mat. 20:30-34), o la del leproso que suplicaba ser purificado (Mar. 1:40-41), o simplemente ver a una mujer afligida (Luc. 7:12-13), «hacía palpitar de compasión el corazón de nuestro Señor».[4]

Quizás algunos de nosotros pensemos que, como Jesús era Dios, las emociones (como la compasión) no se sentirían con tanta fuerza. Pero Jesús no era mitad Dios, mitad hombre. Era plenamente Dios y plenamente hombre. Y como hombre pleno, experimentó toda emoción sin pecado.

2 Warfield, *The Person and Work of Christ*, 96.

3 Warfield, *The Person and Work of Christ*, 97-98.

4 Warfield, *The Person and Work of Christ*, 98.

Y aquí está el punto clave: que fuera un hombre perfecto significa que experimentó la compasión *incluso más*.

Tal vez un ejemplo lo aclare. Recuerdo haber paseado por las calles de una gran ciudad de la India hace varios años. Acababa de terminar de predicar en una iglesia y estaba esperando a que llegara mi transporte. Inmediatamente fuera del recinto de la iglesia, había un hombre mayor, sin hogar, sentado en una caja de cartón. Su ropa estaba rota y sucia. Le faltaban varios dientes. Y lo más alarmante eran sus manos. Le faltaban parte de los dedos. Estaba claro que no habían sido dañados por una herida, sino que simplemente habían sido carcomidos con el tiempo. Era un leproso.

¿Qué pasó en mi corazón en ese momento? ¿En mi corazón caído y pecador? Compasión. Un poco, al menos. Pero era una compasión superficial. La caída me ha arruinado; ha arruinado todo lo que soy, incluidas mis emociones. Las emociones caídas no solo tienen reacciones pecaminosas exageradas, sino también insuficientes. ¿Por qué mi piedad era tan pequeña hacia este miserable? Porque soy un pecador.

¿Qué implicaría entonces para un hombre sin pecado, con emociones perfectas, ver a ese leproso?

¿Cómo serían las emociones desenfrenadas de compasión?

Sería una compasión desbordante.

Eso era lo que sentía Jesús cuando miraba a hombres y mujeres, niños y niñas, que estaban tristes o sufrían. Una compasión perfecta, sin filtros.

Y es lo que siente al mirarte en tu tristeza y dolor.

Lo siente más profundamente que tú.

9

Un amigo tierno

... amigo de publicanos y de pecadores...

MATEO 11:19

UNA CATEGORÍA EN LA que pensar sobre el corazón de Cristo es la de la amistad. Su corazón lo une a nosotros como nuestro amigo que jamás falla.

¿Con qué clase de persona Jesús quiere una amistad? Lo descubrimos cuando oímos a Sus enemigos burlarse de Él. Lo ridiculizan como «amigo de publicanos y de pecadores»; es decir, amigo de la clase de gente más horrible que podamos imaginar (Mat. 11:19).

La multitud lo llama así como acusación. Pero para quienes nos sabemos pecadores, la etiqueta de «amigo de pecadores» es un profundo consuelo.

¿Qué significa que Cristo sea amigo de pecadores? Como mínimo, significa que disfruta pasando tiempo con ellos. También significa que ellos se sienten bienvenidos y cómodos a Su alrededor. Fíjate en la línea de transición que inicia una serie de parábolas en Lucas: «Se acercaban a Jesús todos los publicanos y pecadores para oírle» (Luc. 15:1). Los dos mismos grupos de personas de los que se acusa a Jesús de hacerse amigo en Mateo 11 son los que no pueden mantenerse alejados de Él en Lucas 15. Se sienten a gusto a Su alrededor. Perciben algo diferente en Él. Otros los evitan. Pero Jesús les ofrece la sorpresa de la bienvenida. De la amistad.

En el fondo, lo que hace es atraerlos a Su corazón.

Considera tus propias relaciones.

La línea que delimita quiénes son tus amigos puede trazarse en distintos lugares, como círculos cada vez más pequeños en una diana, que se van estrechando hasta llegar al centro. Hay algunas personas en nuestras vidas cuyos nombres conocemos, pero no son amigos. Otros están más cerca del medio; salimos a veces, y nos caen bien, pero no les tenemos un afecto profundo. Siguiendo hacia el centro, algunos tenemos la suerte de contar con uno o dos amigos especialmente cercanos, alguien que realmente nos conoce y nos entiende. Puede tratarse de un cónyuge que es nuestro amigo terrenal más cercano. Si eres demasiado joven para estar casado, quizás tengas un mejor amigo, alguien con quien te encanta estar cada vez que puedes.

Incluso este breve experimento mental resulta doloroso para muchos de nosotros. Nos damos cuenta de que no tenemos un verdadero amigo, alguien a quien podríamos acudir con cualquier problema sabiendo que no seríamos rechazados. ¿Con quién nos sentimos seguros en nuestras vidas… realmente seguros, lo bastante seguros como para hablar de *cualquier cosa*? Para muchos de nosotros, la respuesta, tristemente, es nadie.

He aquí la promesa del evangelio y el mensaje de toda la Biblia: *En Jesucristo, recibimos un amigo que siempre disfrutará de nuestra presencia, en lugar de rechazarla.*

Se trata de un compañero cuya aceptación de nosotros no se fortalece ni se debilita según lo limpios o impuros, atractivos o feos, obedientes o desobedientes que seamos en determinado momento.

¿No admitiríamos que, incluso con nuestros mejores amigos, no nos sentimos completamente cómodos divulgando *todo* sobre nuestras vidas? Nos caen bien, incluso los amamos, nos vamos de vacaciones con ellos y los elogiamos ante los demás, pero en realidad, en lo más profundo de nuestro corazón, no nos *encomendamos* en sus manos.

Pero ¿y si tuvieras un amigo en el centro de la diana de tu círculo de relaciones, que supieras que nunca levantaría las cejas ante lo que compartes con él? ¿Incluso al conocer las peores partes de ti?

Todas nuestras amistades humanas tienen un límite en cuanto a lo que pueden manejar. Pero ¿y si hubiera un amigo sin límites? ¿Sin límite a lo que podría soportar y que, a pesar de todo, quisiera estar contigo?

Considera a Jesús en Apocalipsis 3. Allí le dice a un grupo de cristianos que es «desventurado, miserable, pobre, ciego y desnudo» (3:17): «He aquí, yo estoy a la puerta y llamo; si alguno oye mi voz y abre la puerta» —¿qué hará Jesús?— «entraré a él, y cenaré con él, y él conmigo» (3:20).

Jesús quiere estar contigo. Quiere acercarse a ti —desventurado, miserable y pobre como eres— y disfrutar de comer juntos. Quiere pasar tiempo contigo. Profundizar en la relación. *Disfruta de tu presencia, tal como eres.*

En este sentido, no debemos sobredomesticar a Jesús. No es un amigo cualquiera. Unos capítulos antes, en Apocalipsis, vemos una representación de Cristo tan sobrecogedora para Juan que se desploma, incapaz de moverse (1:12-17). Es un Señor majestuoso.

Pero tenemos que sacar fuerzas y consuelo de Su postura en Apocalipsis 3, y ver Su deseo de pasar tiempo con nosotros. Él no está esperando a que toques Su corazón. Ya está a la puerta, llamando, queriendo entrar a ti.

¿Cuál es nuestra tarea?

Dejarlo entrar. Dejarlo ser ese amigo que deseas profundamente.

Jesús nos dice: «os he llamado amigos» (Juan 15:15). No rellenamos una solicitud de «amistad con Jesús», y nos quedamos esperando Su respuesta. Él mismo creó la amistad. Camina con nosotros a través de nuestras vidas difíciles.

Jonathan Edwards predicó que la única razón por la que Jesús bajó del cielo y caminó por esta tierra fue «para estar cerca de ustedes y ser su compañero».[1] *Compañero* es otra palabra para amigo, pero habla específicamente de la idea de alguien que te acompaña en un viaje. En nuestro peregrinaje por este amplio mundo salvaje, tenemos un compañero firme y constante.

El corazón de Jesucristo por nosotros significa que será nuestro amigo que jamás nos falla, independientemente de los amigos que tengamos o dejemos de tener en la tierra. Nos ofrece una amistad que supera el dolor de nuestra soledad. Aunque ese dolor no desaparece, podemos alegrarnos en medio de nuestra soledad, porque tenemos a Jesús. Él camina con nosotros en cada momento.

Conoce el dolor de ser traicionado por un amigo, pero nunca nos traicionará. Ni siquiera nos recibirá con *frialdad*. Él no es así. Ese no es Su corazón.

1 Jonathan Edwards, «The Spirit of the True Saints Is a Spirit of Divine Love», en *The Glory and Honor of God: Volume 2 of the Previously Unpublished Sermons of Jonathan Edwards*, ed. Michael McMullen (Nashville, TN: Broadman, 2004), 339.

10

¿Por qué el Espíritu?

Y yo rogaré al Padre, y os dará otro Consolador…

JUAN 14:16

ESTE ES UN LIBRO sobre Jesucristo, el Hijo, la segunda persona de la Trinidad. Pero ¿cómo se relaciona el corazón manso y humilde de Jesucristo con las otras dos personas de la Trinidad, el Espíritu y el Padre?

Dedicaremos un capítulo a cada uno, preguntándonos qué enseña la Biblia sobre cómo el corazón de Cristo se relaciona con el Espíritu y luego con el Padre.

En primer lugar, el Espíritu. ¿Cuál es el rol del Espíritu Santo? ¿Qué hace en realidad? Hay muchas respuestas bíblicas válidas a esa pregunta. El Espíritu…

- nos da un nuevo nacimiento (Juan 3:6-7)
- nos capacita con dones (1 Cor. 12:4-7)
- nos asegura que somos hijos de Dios (Gál. 4:6)

- nos guía (Gál. 5:18, 25)
- nos hace fructíferos (Gál. 5:22-23)
- nos permite matar el pecado (Rom. 8:13)
- nos guía a la verdad (Juan 16:13)
- nos transforma a la imagen de Cristo (2 Cor. 3:18)

Todo esto es gloriosamente cierto. En este capítulo, me gustaría añadir una acción más a esta lista: *El Espíritu hace que sintamos realmente el corazón de Cristo por nosotros.*

Piensa en la diferencia entre leer un libro sobre la playa de Jamaica y viajar allí para disfrutarla. El libro es bueno y cierto; pero no te da la experiencia. No sientes el sol en la cara, ni la arena entre los dedos de los pies, ni el agua fría y refrescante mientras vadeas.

Del mismo modo, si no existiera el Espíritu Santo, lo único que haríamos sería leer sobre el corazón de Cristo (como tú en este libro). El Espíritu Santo te lleva del libro a la experiencia. De la idea a la realidad. De oír a ver.

Es como lo que le pasó a Job al final del libro de Job, cuando le dice a Dios:

> De oídas te había oído; mas ahora mis ojos te ven (Job 42:5).

Eso es lo que hace el Espíritu Santo.

Una cosa es que, cuando eres niño, tu padre te diga que te quiere. Le crees. Le tomas la palabra. Pero otra cosa, mucho más real, es dejarse llevar por Su abrazo. Sentir el calor, oír Su corazón latiendo en Su pecho, saber al instante lo seguro que estás en el fuerte apretón de Sus brazos.

En Juan 14–16, Jesús explica la obra del Espíritu como la continuación de Su propia obra:

> Pero ahora voy al que me envió; y ninguno de vosotros me pregunta: ¿A dónde vas? Antes, porque os he dicho estas cosas, tristeza ha llenado vuestro corazón. Pero yo os digo la verdad: Os conviene que yo me vaya; porque si no me fuera, el Consolador no vendría a vosotros; mas si me fuere, os lo enviaré (Juan 16:5-7).

Jesús está a punto de irse. Y por eso los discípulos están tristes. El dolor llena sus corazones.

Pero Jesús dice que a los discípulos les conviene que Él se vaya. Así que, aparentemente, es aún mejor tener el Espíritu dentro de ellos.

Considera lo que significa esto. Jesús se había hecho amigo de ellos y los había acogido en Su corazón, así que pensaron que la partida del Señor significaba la partida de Su corazón. Pero *el Espíritu es la respuesta a cómo Jesús puede dejarlos corporalmente mientras deja atrás Su corazón.*

El Espíritu Santo es la continuación del corazón de Cristo para Su pueblo después de la partida de Jesús al cielo. Como dice el puritano Thomas Goodwin, el Espíritu «será mejor Consolador para ustedes que yo. [...] Él los consolará mejor de lo que yo lo haría con mi presencia corporal». El Espíritu tan solo les contará a los creyentes «historias de mi amor».[1] Goodwin establece entonces la conexión con el corazón de Cristo: «De modo que tendrán mi corazón tan segura y rápidamente como si yo estuviera con ustedes; y Él estará

1 Thomas Goodwin, *The Heart of Christ* (Edimburgo: Banner of Truth, 2011), 18-19. He actualizado ligeramente el lenguaje.

continuamente rompiendo sus corazones, ya sea con mi amor hacia ustedes, o con el de ustedes hacia mí, o con ambos».[2]

Jesús dijo que era «manso y humilde de corazón» (Mat. 11:29). Es una hermosa afirmación, e incluso sin el Espíritu, uno podría respetarla e incluso maravillarse ante ella. Pero el Espíritu toma esas palabras de Cristo y las enciende en nosotros. El Espíritu convierte la receta en sabor real.

Por eso Pablo dice que a los creyentes se nos da «el Espíritu que viene de Dios, para que conozcamos lo que Dios nos ha dado gratuitamente» (1 Cor. 2:12, NBLA). Cuando Pablo dice *conozcamos* no se refiere simplemente a «conocer» que dos más dos son cuatro. Es una comprensión más profunda, percibida, como cuando uno sabe que el chocolate es dulce cuando se lo lleva a la boca. Pablo dice que se nos ha dado el Espíritu para que conozcamos, muy profundamente, la gracia infinita del corazón de Dios. «Dado gratuitamente» en este texto es tan solo la forma verbal (*jarízomai*) de la palabra griega común para «gracia» (*járis*). En otras palabras, podríamos traducir 1 Corintios 2:12 así: «El Espíritu que viene de Dios, para que comprendamos la profunda gracia de Dios». Al Espíritu le encanta despertarnos, calmarnos y tranquilizarnos con el conocimiento de aquello con lo que hemos sido agraciados.

El papel del Espíritu, en resumen, es convertir nuestro conocimiento de estilo postal del gran corazón de afecto anhelante de Cristo por nosotros en una experiencia de estar sentado en la playa, en una silla de jardín, con la bebida en la mano, disfrutando de la experiencia real. El Espíritu lo hace decisivamente, de una vez por todas, cuando nos convertimos en cristianos mediante el nuevo nacimiento. Pero lo hace diez mil veces después, cuando por el pecado, el dolor o el aburrimiento, seguimos alejándonos de la experiencia sentida del corazón de Jesucristo.

2 Goodwin, *The Heart of Christ*, 19-20.

11

Padre de misericordias

... Padre de misericordias y Dios de toda consolación.

2 CORINTIOS 1:3

«LO QUE NOS VIENE a la mente cuando pensamos en Dios es lo más importante de nosotros». Así comienza el libro de A. W. Tozer *El conocimiento del Dios santo.*[1] Y el objetivo de lo que escribo en este libro sobre el corazón de Cristo es aclarar cómo es Dios en realidad, en lugar de cómo esperamos que sea. Estoy intentando ayudarnos a dejar atrás nuestras intuiciones naturales y caídas de que Dios es distante y frío, y a adentrarnos en el conocimiento liberador de que es manso y humilde de corazón.

Pero nuestro estudio se centra en el Hijo de Dios. ¿Y qué de Dios Padre? ¿Debería ser el Hijo, como manso y humilde, «lo que nos viene a la mente», pero deberíamos pensar en el Padre como algo distinto? ¿Es el Padre un poco menos manso, tal vez?

Este capítulo responde a esa pregunta.

1 A. W. Tozer, *El conocimiento del Dios santo* (Deerfield, FL: Editorial Vida, 1996), 7.

Parece existir una idea común entre los cristianos de que el Hijo es el miembro más amable de la Trinidad. El Padre también nos ama, por supuesto. Pero es un poco más frío. Más severo. El Hijo es el *realmente* amoroso.

Sin embargo, esto no es lo que enseña la Biblia Es cierto que la ira del Padre fue satisfecha por la obra del Hijo en la cruz. Pero el corazón del Padre está tan lleno de amor por ti como el del Hijo. La obra del Hijo en la cruz abrió el camino para que el amor del Padre fluyera hacia nosotros, pero no aumentó el amor del Padre por nosotros.

La Biblia deja claro que el corazón del Padre está tan lleno de amor por Su pueblo como el corazón del Hijo. En 2 Corintios 1:3, por ejemplo, leemos:

> Bendito sea el Dios y Padre de nuestro Señor Jesucristo, Padre de misericordias y Dios de toda consolación.

«Padre de misericordias». Cuando Pablo abre 2 Corintios, nos da una ventana a lo que le venía a *su* mente cuando pensaba en Dios.

Sí, el Padre es justo y recto. Perfectamente. Sin esa verdad, no tendríamos esperanza de que todos los males se repararán algún día.

Pero ¿cuál es Su corazón?

¿Qué brota de lo más profundo de Su ser?

Misericordias.

Es el «Padre de misericordias». Al igual que un padre tiene hijos que reflejan quién es, el Padre divino tiene misericordias que lo reflejan a Él. Hay un parecido familiar entre el Padre y la misericordia.

Hablar de Dios Padre como Padre de misericordias es decir que multiplica las misericordias compasivas para con Su pueblo necesitado, descarriado, desordenado, caído y errante. Esta es la manera que tiene la Biblia de adentrarnos en quién es Dios Padre. Una comprensión correcta del Dios trino no es la de un Padre cuya inclinación central es el juicio, y un Hijo cuya inclinación central es el amor. El corazón de ambos es uno y el mismo; después de todo, se trata de un solo Dios, no de dos. El suyo es un corazón de amor redentor. No se trata de un amor que suaviza Su justicia y Su ira, sino de un amor que satisface a la perfección Su justicia y Su ira.

¿Qué debería venirnos a la mente cuando pensamos en Dios? El Dios trino es tres en uno, fuente de infinitas misericordias. Estas misericordias fluyen hacia nosotros y nos proveen abundantemente en todas nuestras muchas necesidades y fracasos y extravíos. Esto define quién es Él. El Padre no es menos que el Hijo, y el Hijo no es menos que el Padre.

Más allá de lo que percibimos en cada momento, el tierno cuidado del Padre nos envuelve con una dulzura constante, gobernando dulcemente hasta el último detalle de nuestra vida. Él ordena el aleteo de la hoja que cae del árbol y la brisa que la desprende (Mat. 10:29-31), y controla la bomba que detonan las mentes malvadas (Amós 3:6; Luc. 13:1-5). Pero a través y por debajo y alimentando todo lo que inunda nuestras vidas, grande y pequeño, está el corazón de un Padre. El Padre de misericordias.

Algunos de nosotros tuvimos padres excelentes mientras crecíamos. Otros fuimos terriblemente maltratados por ellos. En cualquier caso, lo bueno de nuestros padres terrenales es un débil indicio de la verdadera bondad de nuestro Padre celestial, y lo malo de nuestros padres terrenales es lo contrario de quién es nuestro Padre celestial. Él es el Padre del que todo padre humano es apenas una sombra.

En Juan 14, Felipe pide a Jesús que les muestre a los discípulos al Padre (14:8). Jesús responde: «¿Tanto tiempo hace que estoy con vosotros, y no me has conocido, Felipe? El que me ha visto a mí, ha visto al Padre» (14:9).

«El que me ha visto a mí, ha visto al Padre».

Jesucristo es la manifestación visible del Dios invisible (2 Cor. 4:4, 6; Heb. 1:3). En Él, vemos el corazón del cielo caminando sobre dos piernas en el tiempo y el espacio. Cuando vemos el corazón de Cristo a lo largo de los cuatro Evangelios, estamos viendo la compasión y la ternura mismas de lo que Dios es en lo más profundo.

Al considerar el corazón del Padre para tu propia vida, que sea el Padre de las misericordias *para ti*. No es cauto en Su ternura hacia ti. Multiplica las misericordias para cada una de tus necesidades, y no hay otra cosa que preferiría hacer. «Recuerda», dijo el puritano John Flavel, «que este Dios es tu Padre, y es más tierno contigo de lo que tú eres, o puedes ser, contigo mismo».[2] En otras palabras, tu trato más gentil contigo mismo no es tan gentil como la forma en que tu Padre celestial te trata.

El corazón de Cristo es manso y humilde. Y esa es la imagen perfecta de quién es el Padre. «El Padre mismo os ama» (Juan 16:27).

2 John Flavel, *Keeping the Heart: How to Maintain Your Love for God* (Fearn, Reino Unido: Christian Heritage, 2012), 57. He actualizado ligeramente el lenguaje.

12

Jehová, Jehová

... ¡Jehová! ¡Jehová! fuerte, misericordioso y piadoso; tardo para la ira...

ÉXODO 34:6

¿EN QUÉ PIENSAS CUANDO escuchas la frase «la gloria de Dios»? ¿Imaginas el inmenso tamaño del universo? ¿Una voz atronadora y aterradora desde las nubes?

En Éxodo 33, Moisés pide a Dios: «Te ruego que me muestres tu gloria» (33:18).

¿Cómo responde Dios?

«Yo haré pasar toda Mi bondad delante de ti» (33:19, NBLA).

¿Bondad? ¿No es la gloria de Dios una cuestión de Su grandeza, no de Su bondad? ¿De poder, y no de piedad?

Aparentemente, no. A continuación, Dios habla de mostrar misericordia y clemencia a quien Él quiera (33:19). Luego, le dice a Moisés que lo colocará en una hendidura de la roca y que (una vez más) Su *gloria* pasaría (33:22). Y el Señor pasa y, sin embargo (una vez más), define Su gloria en 34:6-7 como una cuestión de misericordia y gracia:

> … misericordioso y piadoso; tardo para la ira, y grande en misericordia y verdad; que guarda misericordia a millares, que perdona la iniquidad, la rebelión y el pecado, y que de ningún modo tendrá por inocente al malvado; que visita la iniquidad de los padres sobre los hijos y sobre los hijos de los hijos, hasta la tercera y cuarta generación.

Cuando hablamos de la gloria de Dios, estamos hablando de quién es Dios, de cómo es, de Su resplandor distintivo, de lo que hace que Dios sea *Dios*.

Y cuando Dios mismo establece los términos de lo que es Su gloria, nos sorprende y nos deja boquiabiertos. Esperamos que truene, juzgue y condene. Después de todo, cada uno de nosotros tiene mucho pecado en su vida. Y entonces, Éxodo 34 nos da un golpecito en el hombro y nos detiene en seco. El deseo del corazón de Dios es la misericordia. Su gloria es Su bondad. Su gloria es Su mansedumbre. Como dijo David:

> … la gloria de Jehová es grande.
> Porque Jehová es excelso, y atiende al humilde…
> (Sal. 138:5-6)

Considera las palabras de Éxodo 34:6-7:

«Misericordioso y piadoso». Estas son las primeras palabras que salen de la boca del propio Dios después de proclamar Su nombre («Jehová» o «Yo soy»). *Las primeras palabras*. Las únicas dos palabras que Jesús usará para describir Su propio corazón son *manso* y *humilde* (Mat. 11:29). Y las dos primeras palabras que Dios utiliza para describir quién es son *misericordioso y piadoso* (Ex. 34:6). Dios no revela Su gloria como: «Jehová, Jehová, decepcionado y frustrado». Su mayor prioridad, Su más profundo deleite y Su primera reacción —Su corazón— es ser misericordioso y piadoso. Se acomoda con mansedumbre a nuestras condiciones en lugar de abrumarnos con las suyas.

«Tardo para la ira». No tiene el dedo en el gatillo. Le lleva mucho tiempo enojarse. A diferencia de nosotros, que a menudo somos diques emocionales a punto de romperse, Dios puede aguantar muchas cosas. Por eso el Antiguo Testamento habla de Dios «provocado a la ira» por Su pueblo docenas de veces. Pero ni una sola vez se nos dice que Dios es «provocado al amor» o «provocado a la misericordia». Su ira requiere provocación; Su misericordia está contenida, lista para brotar. Tendemos a pensar que la cólera divina está contenida, como un resorte, mientras que la misericordia divina es lenta para surgir. Sin embargo, lo contrario es verdad. La misericordia divina está lista para estallar a la menor punzada.

«Grande en misericordia y verdad». Hay una palabra hebrea subyacente en la palabra española «misericordia». Es la palabra *kjésed*. Este es el compromiso especial de Dios con Su pueblo, porque se ha unido a él con gusto en un vínculo inquebrantable. La palabra «verdad» o «fidelidad» (NVI) aclara aún más este compromiso: Él nunca levantará las manos con exasperación, a pesar de todas las razones que Su pueblo le dé para hacerlo. Se niega incluso a contemplar la idea de apartar Su corazón de nosotros como nosotros nos apartamos de otros que nos hacen daño. Así que no se limita a *existir* en un pacto comprometido de gran corazón, sino que *abunda* en él. Su compromiso sólido con nosotros nunca se agota.

«Guarda misericordia a millares» (Ex. 34:7). Esto también podría traducirse como «guarda misericordia a mil generaciones», como leemos en Deuteronomio 7:9: «Conoce, pues, que Jehová tu Dios es Dios, Dios fiel, que guarda el pacto y la misericordia a los que le aman y guardan sus mandamientos, *hasta mil generaciones*». Esto no significa que Su bondad se apague con la generación número 1001. Es la manera que tiene Dios de decir: *Mi compromiso contigo no tiene fin. No puedes salirte de mi misericordia. No puedes escapar de mi bondad. Mi corazón está puesto en ti.*

«Visita la iniquidad de los padres sobre los hijos y sobre los hijos de los hijos, hasta la tercera y cuarta generación» (Ex. 34:7). Estas palabras finales son difíciles de oír al principio, pero en realidad fomentan un mayor consuelo. Dios nos asegura que no es ningún debilucho. Es la única persona perfectamente justa en el universo. El pecado y la culpa se transmiten de generación en generación. Pero fíjate en lo que dice Dios. Mientras que los pecados familiares se filtran hasta la tercera o cuarta generación, su amor de pacto fluye hasta mil generaciones. ¿Ves la diferencia? Sí, nuestros pecados pasarán a nuestros hijos y nietos. Pero la bondad de Dios se transmitirá de tal manera que tragará todos nuestros pecados. Sus misericordias se extienden por mil generaciones, eclipsando por mucho a la tercera o cuarta generación.

Así es Dios. Ese, según Su propio testimonio, es Su corazón.

La vida cristiana es el largo camino de ir soltando, a lo largo de muchos años, nuestros pensamientos naturales sobre quién es Dios. Debemos permitir que nuestros pensamientos sean sustituidos por la insistencia del propio Dios en quién es.

No es tarea fácil. Hace falta mucho tiempo y mucho sufrimiento para creer que el corazón más profundo de Dios es «misericordioso y piadoso; tardo para la ira» (Ex. 34:6). Tal vez la mayor victoria de Satanás en tu vida hoy no sea el pecado que te permites regularmente. Quizás la mayor victoria del diablo en tu vida sean los pensamientos oscuros que tienes sobre el corazón de Dios, que hacen que no acudas a Él en primer lugar y te mantienen frío hacia Él después de pecar.

Pero, por supuesto, la prueba definitiva de quién es Dios no se encuentra en Éxodo, sino en Mateo, Marcos, Lucas y Juan. En Éxodo 33–34, Moisés no puede ver el rostro de Dios y vivir, porque lo destruiría. Pero ¿y si un día los humanos vieran el rostro de Dios de una forma que no los destruyera?

El Señor pasó junto a Moisés y dijo que Su gloria más profunda se ve en Su misericordia y Su gracia. Jesús vino a hacer en carne y hueso lo que Dios solo había hecho en viento y voz en el Antiguo Testamento.

Cuando vemos al Señor revelar Su verdadero carácter a Moisés en Éxodo 34, estamos viendo la sombra que un día dará paso al que proyectaba esa sombra, Jesucristo, en los Evangelios.

Oímos hablar del corazón más profundo de Dios en Éxodo 34. Pero vemos ese corazón en el carpintero galileo.

13

Sus caminos no son los nuestros

Porque mis pensamientos no son vuestros pensamientos…

ISAÍAS 55:8

EL MENSAJE DE ESTE libro es que tendemos a proyectar nuestras expectativas naturales respecto a quién es Dios sobre Él, en lugar de dejar que la Biblia nos sorprenda con lo que Dios mismo dice. En ningún otro lugar de la Biblia se dice esto tan claramente como en Isaías 55.

Cuando la vida da un giro difícil, los cristianos suelen recordarles a los demás, encogiéndose de hombros: «¡Sus caminos no son nuestros caminos!». En otras palabras, Dios actúa de maneras que no comprendemos.

Sin duda, es cierto. Mucho de lo que Dios hace, y por qué, es un misterio para nosotros. Pero el pasaje en el que encontramos «sus caminos no son nuestros caminos» viene de Isaías 55:8. Y, en su contexto, significa algo muy distinto. No se trata de la sorpresa del misterioso obrar de Dios, sino de la sorpresa del corazón compasivo de Dios. El pasaje completo dice lo siguiente:

> Buscad a Jehová mientras puede ser hallado,
> llamadle en tanto que está cercano.
> Deje el impío su camino,
> y el hombre inicuo sus pensamientos,
> y vuélvase a Jehová,
> el cual tendrá de él misericordia,
> y al Dios nuestro, el cual será amplio en perdonar.
> Porque mis pensamientos no son vuestros pensamientos,
> ni vuestros caminos mis caminos, dijo Jehová.
> Como son más altos los cielos que la tierra,
> así son mis caminos más altos que vuestros caminos,
> y mis pensamientos más que vuestros pensamientos.
> (Isa. 55:6-9)

Fíjate exactamente cómo está razonando Dios aquí.

Nos llama a buscarlo, a invocarlo, e invita incluso a los malvados a volver al Señor. ¿Qué pasará si lo hacemos? Dios «tendrá [...] misericordia» de nosotros (55:7). ¿Cómo tendrá misericordia de nosotros exactamente? El texto sigue diciendo: «Será amplio en perdonar» (55:7). En otras palabras, nos perdonará mucho, no poco. Perdonará todo lo malo que hagamos. Esto nos reconforta profundamente cuando nos encontramos una y otra vez alejados del Padre, buscando la tranquilidad del alma en cualquier parte menos en Su amor. Siempre que volvamos a Dios, por muy avergonzados y asqueados que estemos con nosotros mismos, Él nos perdonará abundantemente. No se limita a aceptarnos. Vuelve a estrecharnos en Sus brazos.

Sin embargo, observa lo que hace el texto a continuación. Los versículos 8 y 9 nos adentran en esta compasión y abundante perdón. El versículo 7 nos ha dicho lo que Dios hace; los versículos 8 y 9 nos dicen quién es. O dicho de otro modo, Dios sabe que *incluso cuando oímos hablar de Su perdón compasivo, nos aferramos a esa promesa con una visión disminuida del corazón del cual brota ese perdón compasivo.* Por eso, el Señor sigue diciendo:

> Porque mis pensamientos no son vuestros pensamientos,
> ni vuestros caminos mis caminos, dijo Jehová.
> Como son más altos los cielos que la tierra,
> así son mis caminos más altos que vuestros caminos,
> y mis pensamientos más que vuestros pensamientos (55:8-9).

¿Qué está diciendo Dios? Nos está diciendo que no podemos ver Sus expresiones de misericordia con nuestros viejos ojos. Nuestra visión de Dios debe cambiar.

¿Qué le diríamos a un niño de seis años que, al recibir un regalo de cumpleaños de su cariñoso padre, se apresura a buscar su alcancía para intentar pagárselo? ¡Qué doloroso para el corazón de un padre! Ese niñito aún no comprende lo que su padre se deleita en hacer.

La creencia profunda de nuestros corazones caídos es que Dios nos trata según lo que merecemos. Como somos pecadores, no vemos a Dios con exactitud. Nuestra capacidad de ver con claridad el corazón de Dios ha colapsado. Nos quedamos con una visión enferma de lo que siente por Su pueblo, sin siquiera darnos cuenta de lo que estamos haciendo. Somos como un nieto que, al recibir un billete de cien dólares, llega a la conclusión de que su abuelo debe ser muy rico, sin saber los miles de millones en bienes inmuebles de los que ese regalo es apenas el más mínimo reflejo.

Así que Dios nos dice sin rodeos lo diminutas que son nuestras perspectivas naturales de Su corazón. Sus pensamientos no son nuestros pensamientos. Sus caminos no son nuestros caminos. Y no porque estemos desviados unos pocos grados. No, «como son más altos los cielos que la tierra» —esa sí que es una distancia grande—, «así son mis caminos más altos que vuestros caminos, y mis pensamientos más que vuestros pensamientos» (55:9).

En el versículo 8, Dios dice que Sus *caminos* y los nuestros son diferentes; en el versículo 9, se pone más específico y dice que Sus *pensamientos* son más elevados. Los pensamientos mismos de Dios —Sus planes, Sus propósitos, Su modo de acercarse a nosotros— son más elevados, más grandiosos, envueltos en una compasión para la cual nosotros, pecadores caídos, no tenemos ninguna categoría natural.

Hablar de los «caminos» y los «pensamientos» de Dios está muy cerca de hablar de Su corazón. Todo este lenguaje (caminos, pensamientos, corazón) apunta a lo que Él es más profundamente: a la inclinación cargada y latente de Sus afectos, a aquello que más lo deleita. Y, según Isaías 55, es lo contrario de lo que esperamos.

En otras palabras: Dios no es como tú. Incluso el amor humano más intenso es solo un débil eco del perdón torrencial del cielo. Sus pensamientos profundos sobre ti superan lo que puedas imaginar. Él tiene la intención de restaurarte a la brillante gloria para la cual fuiste creado. Y eso no depende de que te mantengas limpio, sino de que le lleves tu caos a Él. No se limita a trabajar con las partes de nosotros que quedaron sin corromper tras toda una vida de pecado. Su poder es tan profundo que es capaz de redimir las partes más horribles de nuestro pasado para convertirlas en las más bellas de nuestro futuro.

Lo único que pide es que te humilles lo suficiente como para caer en Sus brazos abiertos, brazos que perdonan abundantemente.

Eso es lo que hace. Eso es lo que es.

Sus caminos no son nuestros caminos.

14

Un anhelo por ti

... mis entrañas se conmovieron por él...

JEREMÍAS 31:20, NTV

EL PUNTO CULMINANTE DEL libro de Jeremías son los capítulos 30–33. Los maestros de la Biblia llaman a estos capítulos el «Libro de la consolación». *Consolación* es lo que sientes cuando tienes cinco años y tu padre o tu madre te dan un fuerte abrazo después de haberte caído de la bicicleta. Y aquí, en medio de Jeremías, Dios le revela a Su pueblo Su respuesta final al egoísmo de ellos. Y no es lo que se merecen. Aunque esperan que los juzgue, los sorprende con consuelo. ¿Por qué? Porque los había metido en Su corazón, y no pueden salir de él mediante el pecado. «Con amor eterno te he amado», les asegura (Jer. 31:3).

Bueno, ¡por supuesto!, tal vez pensemos. *Israel es el pueblo de Dios. Se supone que tiene que amarlos.*

Pero ¿nos damos cuenta de lo que sucedió en los primeros veintinueve capítulos de Jeremías? Tomemos una sola frase de cada uno de los primeros capítulos:

- «Y a causa de toda su maldad, proferiré mis juicios contra los que me dejaron» (1:16).
- «Mi pueblo [...] me ha abandonado» (2:13, NTV).
- «Con tus fornicaciones y con tu maldad has contaminado la tierra» (3:2).
- «Oh Jerusalén, [...] ¿Hasta cuándo permitirás en medio de ti los pensamientos de iniquidad?» (4:14).
- «Este pueblo tiene corazón falso y rebelde» (5:23).

Y así, a lo largo de veintinueve capítulos. Y luego, después de los capítulos 30–33, el resto del libro es juicio contra las naciones (Jer. 34–52).

Pero aquí, en el centro de Jeremías, está el Libro de la consolación. Y dentro de estos cuatro capítulos, el texto que mejor lo resume todo es 31:20:

> ¿No es Efraín hijo precioso para mí?
> ¿no es niño en quien me deleito?
> pues desde que hablé de él,
> me he acordado de él constantemente.
> Por eso mis entrañas se conmovieron por él;
> ciertamente tendré de él misericordia,
> dice Jehová.

«Efraín» es un término más para designar a Israel, el pueblo de Dios, aunque parece ser una especie de término divino de afecto hacia Israel en todo el Antiguo Testamento. Y Dios pregunta: «¿No es niño en quien me deleito?». Dios no se lo está preguntando. Es una declaración, revestida de la delicadeza de una pregunta. Su pueblo es Su «hijo precioso», e incluso Su «niño en quien [se deleita]».

¿Ves así a Dios cuando te mira desde arriba? «Pues desde que hablé de él» —como lo ha hecho durante veintinueve capítulos, reprendiendo a Su pueblo de corazón duro— «me he acordado de él constantemente».

Acordarse aquí no es lo contrario de olvidar. Se trata de Dios. Es omnisciente. *Acordarse* aquí es lenguaje del pacto. Significa soportar en Su corazón. No se trata de recordar como alternativa al olvido, sino como alternativa a *abandonar*.

Y entonces, llega el punto culminante del versículo clave del centro de cuatro capítulos del libro de Jeremías: «mis entrañas se conmovieron por él».

«Mis entrañas». Aunque algunas traducciones usan «corazón» para esta palabra hebrea, no es la más común para designar el corazón (como *leb*). Aquí, en Jeremías 31, se usa un vocablo menos común (*mehá*). Se refiere al interior de una persona, a las tripas. Es la palabra utilizada, por ejemplo, en 2 Samuel 20:10, cuando Joab apuñaló a Amasa «en la quinta costilla, y derramó sus *entrañas* por tierra».

Dios, por supuesto, no tiene entrañas. Es Su forma de hablar de Su reflejo más hondo, de Su interior agitado, de Sus sentimientos más profundos; en una palabra, de Su corazón.

Y fíjate en lo que dice el texto que hace Su corazón. «Mis entrañas se *conmovieron* por él» (Jer. 31:20).

¿Qué es conmoverse? Es algo diferente de bendecir o salvar o incluso de amar. En este caso, implica anhelar a alguien. Pero ni siquiera *anhelar* capta del todo la fuerza de la palabra usada aquí. En su raíz, esta palabra hebrea (*jamá*) significa estar inquieto o perturbado, o incluso gruñir o rugir. ¿Ves lo que Dios nos dice de sí mismo, en qué insiste? El afecto vasto como un océano que tiene por

Sus hijos no se ve amenazado por el desastre de sus vidas, porque anhela derramar sobre ellos Su corazón de amor. Piensa en alguna ocasión en la que estuviste inquieto porque tenías muchas ganas de hacer algo. Quizás unas vacaciones o una comida especial. Es apenas un atisbo de lo que ocurre dentro de Dios cuando nos ve en nuestra necesidad.

Por lo tanto: «Ciertamente tendré de él misericordia» (31: 20). Si se tradujera literalmente, sería algo así: «Teniendo misericordia, tendré misericordia de él». A veces, el hebreo dice algo dos veces, para que quede claro. El corazón anhelante de Dios libera y redime a los pecadores incapaces de rescatarse a sí mismos. Pecadores que se ahogan en su fracaso y debilidad. Pecadores que han estado pecando durante veintinueve capítulos.

¿Quién crees que es Dios, *en* tu pecado y tu sufrimiento? ¿Qué tipo de persona crees que te escucha cuando oras? ¿Qué siente respecto a ti?

Su rescate no es frío y calculador. Es una cuestión de añoranza... no de añoranza de lo que eres en las redes sociales, de lo que proyectas a todos los que te rodean. No de lo que desearías ser.

Es un anhelo de quién eres en verdad. De lo que hay debajo de todo lo que les presentas a los demás.

El mundo está hambriento de un amor anhelante, un amor que recuerde en lugar de abandonar. Un amor que *necesita* tenernos. Un amor que no está ligado a nuestra hermosura. Un amor que es más grande que la oscuridad envolvente que podríamos estar atravesando aun hoy. Incluso la oscuridad que nosotros mismos causamos.

Tal vez te cueste asimilar esta idea de un corazón anhelante e inquieto. Quizás esta idea del corazón anhelante de Dios por nosotros parezca demasiado imprecisa, demasiado sensiblera. Es difícil de ver.

Pero ¿y si lo impreciso se volviera concreto? ¿Y si el corazón anhelante de Dios no fuera solo palabras a través del profeta Jeremías? ¿Y si Dios demostrara Su amor anhelante apareciendo entre nosotros aquí en la tierra?

«Mis entrañas se conmovieron por él». Si esas palabras se vistieran de carne humana, como nos vestimos para ir al colegio o al trabajo un lunes por la mañana, ¿qué aspecto tendrían?

Se parecen a un carpintero galileo paseando por Israel hace dos mil años. Se parecen a un ministerio para devolver la dignidad a hombres, mujeres y niños mediante la sanidad, la enseñanza, el abrazo y el perdón.

Y esa fue solo Su vida. En la cruz, vemos aún más profundamente el corazón anhelante de amor de Dios. Jesucristo siempre había sido el «Hijo precioso» y el Hijo en quien Dios se deleitaba, por utilizar el lenguaje de Jeremías 31:20. Y en esa cruz, mientras Jesús era acusado de nuestra culpa, Dios verdaderamente «[habló] contra él» (NBLA).

¿Y por qué? Para que Dios pudiera decir de nosotros: «Me he acordado de él constantemente».

En la cruz, vemos lo que Dios hizo para satisfacer Su anhelo por nosotros. Así de lejos llegó. Llegó hasta el final.

Arrepiéntete de tus pensamientos insignificantes sobre el corazón de Dios. Arrepiéntete y deja que te ame.

15

Rico en misericordia

Pero Dios, que es rico en misericordia...

EFESIOS 2:4

LAS OBRAS ESCRITAS DE Thomas Goodwin (uno de nuestros amigos puritanos) han llegado hasta nosotros en doce volúmenes, cada uno de más de 500 páginas. Y los dos primeros están dedicados íntegramente a Efesios 1 y 2. Son más de mil páginas de sermones sobre estos dos capítulos de la Biblia. Y Goodwin se detiene mucho cuando llega a Efesios 2:4, dando varios sermones sobre este único versículo:

> Pero Dios, que es rico en misericordia, por su gran amor con que nos amó...

El contexto más amplio dice que estábamos muertos en nuestros pecados (2:1-3). Pero Dios bajó y nos dio vida, liberándonos de nosotros mismos.

¿Y por qué?

Porque Dios no es pobre en misericordia. Es rico en misericordia. En ninguna otra parte de la Biblia se describe a Dios como rico en nada. En lo único que se lo llama *rico* es en la misericordia. ¿Qué significa esto? Significa que Dios es algo distinto de lo que naturalmente creemos que es. Significa que la vida cristiana implica despojarnos día a día durante toda la vida de nuestros pensamientos insignificantes sobre la misericordia de Dios. La misericordia de Dios es más grande de lo que creemos.

Veamos en más profundidad el texto.

«Pero Dios, que *es* rico en misericordia…» (Ef. 2:4). *Es* implica algo que ya acontece. No dice: será rico en misericordia algún día. Más bien: ya es rico en misericordia, para ti y para mí, ahora mismo. Una afirmación así nos lleva de nuevo al ser y a la naturaleza misma de Dios. «Él es el manantial de toda misericordia», dice Goodwin. «Es natural para él. Es Su naturaleza. Cuando muestra misericordia, lo hace de todo corazón».[1] Por eso *se deleita* en la misericordia (Miq. 7:18). Dios es multimillonario en la moneda de la misericordia, y cuando nos da esas riquezas, Su propia vasta fortuna no disminuye en absoluto.

¿Cómo puede ser? Porque la misericordia es Su misma esencia. Si la misericordia fuera algo que simplemente tiene, mientras que Su naturaleza más profunda fuera algo diferente, habría un límite en la cantidad de misericordia que podría producir. Pero si la misericordia es Su propia naturaleza, entonces, para Él, derramar misericordia es simplemente ser Él mismo. Esto no significa que sea *solo* misericordioso. También es perfectamente justo y santo. Se enfurece con

1 Thomas Goodwin, *Exposition of Ephesians 2*, en *The Works of Thomas Goodwin*, 12 vols. (reimp., Grand Rapids, MI: Reformation Heritage, 2006), 2:179.

razón contra el pecado y los pecadores. Pero la ira no es aquello en lo que es «rico».

El texto continúa uniendo la naturaleza rica en misericordia de Dios con Su gran amor: «Pero Dios, que es rico en misericordia, *por su gran amor con que nos amó…*» (Ef. 2:4).

Cuando la Escritura habla del «gran amor con que nos amó», debemos escuchar lo que está diciendo. El amor divino no consiste solo en soportarnos pacientemente. No se queda quieto; corre. Es activo, no pasivo. Su amor es grande porque se precipita aún más cuando su amado se ve amenazado, aunque se vea amenazado como consecuencia de la propia insensatez del amado. Entendemos esto a nivel humano; el amor de un padre terrenal surge en su interior cuando ve a su hijo acusado o afligido, incluso si ese hijo realmente hizo algo malo. Un afecto renovado hierve en su interior.

Tal vez todo esto de la misericordia y el amor parezca un poco abstracto o difícil de entender. Sin embargo, la riqueza de la misericordia divina se nos hace real al ver que el río de misericordia que brotaba del corazón de Dios tomó forma de hombre. Cuando Pablo habla de la aparición salvadora de Cristo, dice: «la gracia […] se ha manifestado» (Tito 2:11). La gracia y la misericordia de Dios se hicieron realidad en Jesucristo. Por tanto, hablar de la aparición de Cristo es hablar de la aparición de la gracia. «Cristo no es más que pura gracia revestida de nuestra naturaleza», escribió el pastor puritano Richard Sibbes.[2]

Por eso, cuando observamos el ministerio de Cristo en la Biblia, y especialmente en la cruz, vemos cómo es el «rico en misericordia» (Ef. 2:4): cómo habla el «rico en misericordia», cómo vive, cómo se mueve hacia los que sufren.

2 Richard Sibbes, *The Church's Riches by Christ's Poverty*, en *The Works of Richard Sibbes*, ed. A. B. Grosart, 7 vols. A. B. Grosart, 7 vols. (Edimburgo: Banner of Truth, 1983), 4:518.

Considera la riqueza de la misericordia de Dios para tu propia vida.

Tal vez, mirando las evidencias de tu vida, sientas como si esta misericordia de Dios en Cristo te hubiera pasado de largo. Quizás te hayan maltratado profundamente. Puede que te sientas incomprendido. Traicionado por la única persona en la que deberías haber podido confiar. Abandonado. Tal vez cargues con un dolor que nunca sanará hasta que estés muerto. *Si mi vida es una prueba de la misericordia de Dios en Cristo*, podrías pensar, *no me impresiona.*

A ti te digo que la prueba de la misericordia de Cristo hacia ti no es tu vida. La evidencia de Su misericordia hacia ti es *Su* vida maltratada, incomprendida, traicionada y abandonada. Eternamente. En tu lugar.

Si Dios envió a Su propio Hijo a caminar por el valle de la condenación, el rechazo y el infierno, puedes confiar en Él mientras caminas por tus propios valles en tu camino al cielo.

Tal vez tienes dificultades para recibir la rica misericordia de Dios en Cristo no por lo que otros te han hecho sino por lo que *tú* has hecho para destruir tu vida. Quizás, a través de una decisión grande e insensata, o tal vez a través de diez mil pequeñas. Has desperdiciado Su misericordia, y lo sabes.

A ti te digo: ¿sabes lo que hace Jesús con los que derrochan Su misericordia?

Derrama más misericordia.

Dios es rico en misericordia. Y de eso se trata.

Tanto si hemos pecado contra Él como si nos hemos hundido en la miseria, la Biblia dice que Dios no es tacaño con la misericordia, sino abundante; no es pobre, sino rico.

Que Dios es rico en misericordia significa que tus regiones de vergüenza y arrepentimiento más profundas no son hoteles por los que pasa la misericordia divina, sino hogares en los que habita.

Significa que las cosas de ti que más te avergüenzan hacen que Él las abrace más fuerte.

Significa que Su misericordia no es lenta y cautelosa como la nuestra. Es fluida e inagotable.

Significa que nuestra atormentadora vergüenza no es un problema para Él, sino lo que más le gusta para obrar.

Significa que nuestros pecados no hacen que Su amor se resienta. Nuestros pecados hacen que Su amor surja con más fuerza aún.

Significa que ese día, cuando estemos ante Él, en silencio, sin prisas, lloraremos de alivio, sorprendidos por la poca visión que teníamos de Su corazón rico en misericordia.

16

Nos amó entonces; nos amará ahora

Mas Dios muestra su amor para con nosotros…

ROMANOS 5:8

UNA COSA ES CREER que Dios ha perdonado y quitado todos nuestros viejos fracasos que ocurrieron antes de que nos hiciéramos cristianos. Es una maravilla de misericordia, ¡indeciblemente rica! Pero esos fueron, después de todo, pecados cometidos cuando aún estábamos en la oscuridad. No habíamos sido hechos nuevas criaturas, y recién estábamos facultados para honrar al Señor con nuestras vidas.

Otra cosa es creer que Dios sigue, con la misma gratuidad, apartando todos nuestros fallos actuales que se producen incluso ahora que somos cristianos.

Quizás, como creyentes hoy, sabemos que Dios nos ama. Lo creemos de verdad. Pero si examinamos más de cerca cómo nos relacionamos realmente con el Padre momento a momento, muchos de nosotros tendemos a creer que es un amor infectado por la decepción.

Lo vemos mirándonos con afecto paternal pero con las cejas ligeramente levantadas: «¿Cómo siguen fallando tan a menudo después de todo lo que he hecho por ellos?», lo imaginamos preguntándose. Y seguimos desanimados.

Una vez más, este pensamiento es el resultado de proyectar en Dios nuestra propia capacidad de amar. No conocemos Su corazón.

Y por eso Romanos 5:6-11 está en la Biblia.

> Porque Cristo, cuando aún éramos débiles, a su tiempo murió por los impíos. Ciertamente, apenas morirá alguno por un justo; con todo, pudiera ser que alguno osara morir por el bueno. Mas Dios muestra su amor para con nosotros, en que siendo aún pecadores, Cristo murió por nosotros. Pues mucho más, estando ya justificados en su sangre, por él seremos salvos de la ira. Porque si siendo enemigos, fuimos reconciliados con Dios por la muerte de su Hijo, mucho más, estando reconciliados, seremos salvos por su vida. Y no solo esto, sino que también nos gloriamos en Dios por el Señor nuestro Jesucristo, por quien hemos recibido ahora la reconciliación (Rom. 5:6-11).

En este segundo párrafo de Romanos 5, Pablo dice aproximadamente lo mismo tres veces:

> *Cuando aún éramos débiles*, a su tiempo [Cristo] murió por los impíos (5:6).
>
> *Siendo aún pecadores,* Cristo murió por nosotros (5:8).
>
> *Siendo enemigos,* fuimos reconciliados con Dios por la muerte de su Hijo (5:10).

Para decir la misma verdad al revés: Jesús no murió por nosotros una vez que nos hicimos fuertes (5:6). No murió por nosotros una vez que empezamos a superar nuestra pecaminosidad (5:8). Dios no nos reconcilió consigo una vez que nos hicimos Sus amigos (5:10).

Dios no se contuvo, cauteloso, esperando a ver cómo nos comportábamos como cristianos. Él y Su Hijo tomaron la iniciativa. En términos de gracia, y solo gracia. Desafiando lo que merecíamos. Mientras huíamos de Dios tan rápido como podíamos, construyendo nuestros propios reinos y amando nuestra propia gloria, fue entonces cuando el Príncipe del cielo se despidió de Sus ángeles que lo adoraban. Fue entonces cuando se puso en las manos asesinas de estos mismos rebeldes. El Hijo de Dios bajó del cielo en un plan divino para lavar a los pecadores embarrados y abrazarlos en Su propio corazón a pesar de su torpe intento de liberarse y limpiarse por sí mismos. Cristo descendió a la muerte mientras nosotros nos quedábamos parados y aplaudíamos. No podría habernos importado menos. Éramos débiles. Pecadores. Enemigos.

Esta es la noticia más grande en la historia del mundo. Pero ni siquiera este es el punto principal de Pablo en Romanos 5. Está buscando otra cosa.

¿Qué le interesa a Pablo en Romanos 5:6-11? No el trabajo pasado de Dios, principalmente. La carga más profunda de Pablo es nuestra seguridad actual, dada esa labor pasada.

Habla de la obra de Cristo en el pasado para insistir en este punto: si Dios hizo eso en aquel entonces, cuando estabas tan perdido y no tenías ningún interés en Él, entonces ¿de qué te preocupas ahora?

La carga central de los versículos 6 al 11 se recoge en el «pues» del versículo 9: «*Pues* mucho más, estando ya justificados en su sangre», y ahora escuchamos la preocupación principal de Pablo, «por él seremos salvos de la ira». El versículo 10 refuerza aún más esta idea: «Porque si siendo enemigos, fuimos reconciliados con Dios por la muerte de su Hijo», y aquí vuelve a surgir este punto, «mucho más, estando reconciliados, seremos salvos por su vida»

Pablo está diciendo que Dios no te salva solo para abandonarte cuando fracasas. Nos cuida hasta el cielo. La conversión no es un nuevo comienzo. La conversión significa que ahora es seguro que llegaremos al cielo. Éramos enemigos cuando Dios vino a nosotros y nos justificó; ¿cuánto más nos cuidará ahora que somos Sus amigos… es más, Sus hijos? Como dijo el teólogo inglés John Flavel: «Así como Dios no te eligió al principio por tu condición privilegiada, no te abandonará ahora porque tu condición sea desfavorable».[1]

Con qué facilidad los que hemos estado unidos a Cristo nos preguntamos qué piensa ahora Dios de nosotros en nuestros fracasos. La lógica de Romanos 5 es la siguiente: Por medio de Su Hijo, se acercó a nosotros cuando lo odiábamos. ¿Seguirá distante ahora que esperamos poder complacerlo?

Él sufrió deseosamente por nosotros cuando fracasábamos y éramos huérfanos. ¿Se cruzará de brazos ante nuestros fracasos ahora que somos Sus hijos adoptivos?

Su corazón fue manso y humilde con nosotros cuando estábamos perdidos. ¿Será acaso diferente ahora que nos ha encontrado?

«*Cuando aún éramos*»… Él nos amó en nuestro desorden. Ahora, nos amará en nuestro desorden. El hecho mismo de que nuestro pecado

1 John Flavel, *Keeping the Heart: How to Maintain Your Love for God* (Fearn, Reino Unido: Christian Focus, 2012), 43.

nos perturbe es un reflejo de nuestra adopción. Un corazón frío no se molestaría. No somos los mismos de antes.

Cuando peques, arrepiéntete a fondo. Vuelve a odiar el pecado. Entrégate a Dios una vez más. Pero rechaza también el susurro del diablo de que el tierno corazón de Dios por ti se ha enfriado un poco.

Si estás en Cristo, tu desobediencia no amenaza tu lugar en el amor de Dios. La parte más difícil ya se ha cumplido. En la muerte de Cristo, Dios ha asegurado tu felicidad eterna. Y lo hizo mientras eras huérfano. Ya nada puede quitarte tu lugar de hijo. Ni siquiera tú.

Si estás unido a Cristo, ya tienes tu lugar en el cielo.

17

Hasta el fin

… como había amado a los suyos que estaban en el mundo, los amó hasta el fin.

JUAN 13:1

LO QUE VEMOS EN este libro es que el corazón de Cristo por los pecadores y los que sufren no relampaguea de ternura ocasional o temporalmente, apagándose con el tiempo. La mansedumbre y la humildad de corazón caracterizan siempre a Cristo. Él es manso y humilde de manera constante, consistente, eterna, cuando toda la belleza en nosotros se ha marchitado.

¿Cómo lo sabemos?

Lo sabemos por Juan 13:1:

> Antes de la fiesta de la pascua, sabiendo Jesús que su hora había llegado para que pasase de este mundo al Padre, como había amado a los suyos que estaban en el mundo, los amó hasta el fin.

Jesús sabe que este era el principio del fin para Él. Estaba entrando en el capítulo final y en el valle más profundo de Su ministerio terrenal. Sabía «que su hora había llegado para que pasase de este mundo».

A continuación, Juan se detiene en un momento de conmovedora reflexión y mira hacia atrás, hacia el ministerio de Jesús, y hacia adelante, hacia la última semana. Mirando atrás, Juan dice que Jesús había «amado a los suyos que estaban en el mundo». Mirando al futuro, afirma que «los amó hasta el fin».

El ministerio de Jesús hasta este punto había sido totalmente exigente. Había estado cansado y hambriento. Los líderes religiosos se habían burlado de Él y lo habían acusado. Y Su propia familia lo había incomprendido y maltratado.

Pero ¿qué era todo esto comparado con lo que ahora le esperaba en la cruz? ¿Qué es una lluvia fría comparada con ahogarse?

Porque esto era exactamente lo que estaba por suceder. Su peor pesadilla estaba a punto de materializarse. El mismo infierno —el horror de la condenación, la oscuridad y la muerte— abría sus fauces.

¿Qué *pasó* en la cruz, para los que estamos en Cristo? Después de todo, Dios castigó a Jesús no por el pecado de una sola persona, sino de muchas. ¿Qué significa lo que dice Isaías del siervo que Jehová cargó en él el pecado *de todos nosotros* (Isa. 53:6)?

¿Qué habrá sido que la suma total de toda la ira merecida por todo el pueblo de Dios caiga con infinita fuerza sobre una sola alma?

¿Quién podría soportarlo? ¿Quién no gritaría y quedaría derrotado?

¿Cómo habrá sido la cruz para Jesús? Había estado recibiendo el amor de Dios como Su oxígeno, sin un solo momento de interrupción por el pecado, y de repente, el peso indecible de todos nuestros pecados se abatió sobre Él. ¿Quién podría sobrevivir a eso?

Pero ¿por qué haría algo semejante? ¿Por qué descendería al horror de la condena infernal cuando era la única persona que no la merecía?

El texto nos lo dice: «como había *amado* a los suyos [...], los *amó* hasta el fin» (Juan 13:1). Jesús llegó al precipicio de la cruz y no cambió de opinión. Dio un paso al vacío.

Él no ama como nosotros.

Nosotros amamos hasta que nos traicionan. Jesús continuó hasta la cruz a pesar de la traición. Nosotros amamos hasta que nos abandonan. Jesús amó a pesar del abandono.

Nosotros amamos hasta un límite. Jesús ama hasta el fin.

Como lo expresa John Bunyan: «Cristo es amor. Si cesara de amar, dejaría de existir».[1]

Cuando el apóstol Juan nos dice que Jesús amó a los suyos hasta el fin, está descorriendo el velo para permitirnos asomarnos a las profundidades de quién es Jesús. Su corazón por los suyos no es como una flecha, que se dispara deprisa, pero pronto cae al suelo; o como un corredor, que sale deprisa, pero pronto se frena y se cansa. Su corazón es una avalancha que cobra impulso con el tiempo; un incendio forestal, que crece en intensidad a medida que se propaga.

Cristo no es así para todos. El texto dice que es a «los suyos» a quienes ama hasta el fin. «Los suyos» es una frase utilizada a lo largo de los escritos de Juan para referirse a los verdaderos discípulos de

1 John Bunyan, *Come and Welcome to Jesus Christ*, en *The Works of John Bunyan*, ed. George Offor, 3 vols. (reimp., Edimburgo: Banner of Truth, 1991), 2:17.

Cristo, los hijos de Dios. Para los que no son suyos, Jesús es un juez temible, una persona cuya ira no se puede evitar.

Pero, por los suyos, Jesús mismo soportó ese castigo. Su corazón estaba puesto en los suyos. Le pertenecen. El gran teólogo John Owen escribió: «No hay creyente más mezquino, más débil ni más pobre en la tierra que Cristo no valore más que a todo el mundo».[2]

Jesucristo amó a los suyos hasta la muerte misma. ¿Qué significa esto para ti? Significa que tu futuro está asegurado. Si eres suyo, el cielo y el alivio se acercan, porque no puedes dejar de ser de Él. Te ha hecho suyo y no puedes escabullirte de Su abrazo.

Jesús soportó el infierno para que pudieras tener el cielo. Perdió el amor de Dios para que tú pudieras ganarlo.

Jesucristo te amó cuando caíste por primera vez en Sus brazos. Y te amará hasta el fin.

2 John Owen, *Communion with God* (Fearn, Reino Unido: Christian Heritage, 2012), 218.

18

En lo profundo de Su corazón para siempre

... para mostrar en los siglos venideros las abundantes riquezas de su gracia en su bondad para con nosotros...

EFESIOS 2:7

¿CUÁL ES EL SIGNIFICADO de todo? ¿Cuál es el objetivo final de nuestras pequeñas vidas comunes y corrientes?

Anteriormente, en nuestro estudio del corazón de Cristo, consideramos la frase «rico en misericordia», en Efesios 2:4. Al final de la larga frase que comienza en el versículo 4, Pablo nos da (en el versículo 7) la razón última de nuestra salvación. La frase completa dice lo siguiente:

> Pero Dios, que es rico en misericordia, por su gran amor con que nos amó, aun estando nosotros muertos en pecados, nos dio vida juntamente con Cristo (por gracia sois salvos), y juntamente con él nos resucitó, y asimismo nos hizo sentar en los lugares celestiales

> con Cristo Jesús, para mostrar en los siglos venideros las abundantes riquezas de su gracia en su bondad para con nosotros en Cristo Jesús. (Ef. 2:4-7)

¿Qué sentido tiene la vida eterna sin fin en los cielos nuevos y la tierra nueva? Es para que Dios muestre «las abundantes riquezas de su gracia en su bondad para con nosotros en Cristo Jesús».

Aquí estamos. Solo personas comunes y corrientes, abriéndonos paso ansiosamente por la vida, pecando y sufriendo, vagando y volviendo, lamentándonos y desesperándonos. A menudo nos alejamos de una convicción del corazón de lo que disfrutaremos para siempre si estamos en Cristo. La vida es difícil.

¿Se conecta un texto como Efesios 2:7 con nuestra vida real? *¿O es solo un material para que escriban los teólogos?*

Para terminar nuestro estudio sobre el corazón de Cristo, me gustaría detenerme en Efesios 2:7. Consideremos exactamente hacia qué nos libera este breve texto:

> … para mostrar en los siglos venideros las abundantes riquezas de su gracia en su bondad para con nosotros en Cristo Jesús.

¿Qué significa esto para aquellos que están en Cristo?

Significa que, un día, Dios nos llevará a Narnia a través del armario. Allí nos quedaremos, sin miedo y libres, paralizados de alegría, asombro y alivio.

Significa que, cuando estemos allí, nunca seremos regañados por los pecados de esta vida. El punto mismo del cielo y la eternidad es disfrutar de Su «gracia en su bondad». Y si el objetivo del cielo es mostrar las riquezas de Su gracia, entonces estamos a salvo, porque lo único que tememos que nos impida entrar —nuestro pecado— solo puede aumentar nuestro asombro ante la gracia de Dios.

Significa que nuestra pecaminosidad ahora no es un obstáculo para disfrutar del cielo. Nuestra pecaminosidad es el ingrediente clave para disfrutar del cielo. Cualquier desastre que hayamos hecho de nuestras vidas… *eso* es parte de nuestra gloria final y calma y resplandor. Aquello que hemos hecho y que ha hundido nuestra vida, ahí es donde Dios en Cristo se hace más real que nunca en esta vida y más maravilloso para nosotros en la otra.

Si las riquezas de Su gracia son «abundantes» y sin límite, entonces nuestros fracasos nunca podrán debilitar Su gracia. En los momentos en que nos sentimos totalmente abrumados por la vida es donde está el corazón de Dios. Nuestros lugares más profundos de fracaso y reproche es donde Su corazón se siente atraído con más fuerza.

Si la gracia en Su bondad es «abundantes *riquezas*» (2:7) —en contraposición a una gracia mensurable y estándar—, entonces nuestros pecados nunca podrán agotar Su corazón. Por el contrario, cuanta más debilidad y fracaso, más se inclina Su corazón hacia nosotros.

Efesios 2:7 no solo dice las «las abundantes riquezas de su gracia», sino «las abundantes riquezas de su gracia *en su bondad*». La palabra griega para *bondad* significa: «un deseo de hacer lo que está en tu poder para evitar el malestar en otro». Es la misma palabra usada en Mateo 11:30, donde Jesús dice: «mi yugo es *fácil*». Su yugo es bondadoso.

Su gracia en Su bondad es «para con nosotros en Cristo Jesús» (Ef. 2:7). ¿Te das cuenta de lo que ocurre contigo si estás *en Cristo*? A los que están unidos a Él se les promete que el caos atormentado que infecta todo —todas las relaciones, todas las conversaciones, todas las familias, todas las clases, todos los trabajos, todas las vacaciones, todo— será un día echado atrás, revertido. Cuanta más oscuridad y dolor experimentemos en esta vida, más brillo y alivio habrá en la siguiente. Como dice un personaje en el libro de C. S. Lewis de 1945, *El gran divorcio*, reflejando la enseñanza bíblica:

> Eso es lo que los mortales no entienden. Ellos hablan de sufrimiento temporal; dicen que «ninguna bienaventuranza futura les compensa de ese dolor», ni siquiera saber que el cielo, una vez que se ha alcanzado, obra hacia atrás convirtiendo en gloria hasta la agonía.[1]

Si estás en Cristo, entonces tienes perdón por tus pecados. Incluso ahora.

Efesios 2:7 te está diciendo que tu muerte no es un final, sino un principio. No una pared, sino una puerta. No una salida, sino una entrada.

El sentido de toda la historia humana y de la eternidad misma es mostrar lo que no puede mostrarse plenamente. Demostrar lo que no se puede demostrar del todo. En la era venidera, descenderemos cada vez más profundamente en la gracia de Dios en bondad, en Su corazón mismo, y cuanto más entendamos de ella, más veremos que está más allá de la comprensión. Es abundante, inmensurable.

Para aquellos que no están en Cristo, esta vida es la mejor que jamás tendrán. Para los que están en Cristo, esta vida es lo peor que jamás tendrán.

1 C. S. Lewis, El gran divorcio (Madrid, España: Ediciones Rialp, 2017), 44.

Conclusión

El objetivo de este libro

¿Y AHORA?

Este es un libro sobre el corazón de Jesucristo. Pero ¿qué debemos hacer con esta información?

La respuesta principal es: *nada*. Preguntar: «¿Y ahora cómo aplico esto a mi vida? no sería el objetivo de este estudio. Si alguien del Polo Sur gana unas vacaciones en las Bahamas, no llega a su habitación de hotel, sale al balcón y se pregunta cómo aplicar eso a su vida. Simplemente, disfruta. Tan solo se deleita en el sol.

Así que, en realidad, nos queda una sola cosa por hacer. Jesús lo dice en Mateo 11:28:

«Venid a mí».

¿Por qué no lo hacemos? Thomas Goodwin nos lo dice. Es el objetivo de nuestro estudio de Jesús. Afirma que la razón por la cual la gente no va a Jesús es que «no conocen la mente y el corazón de Cristo». Goodwin continúa: «La verdad es que se deleita más en nosotros de lo que nosotros podemos deleitarnos en Él». En otras palabras, Jesús está más deseoso de que vayas a Él de lo que tú puedas estarlo jamás. Así concluye Goodwin: «Acude, pues, a Él. Si conocieras Su corazón, lo harías».[1]

Acude a Él. Lo único que esto significa es que te abras a Él. Háblale. Permítete *sentirte* perdonado. Permítele que te ame.

La vida cristiana se reduce a dos pasos:

1. Acudir a Jesús.
2. Ver Paso 1.

Sea lo que sea que te rodea en tu vida, dondequiera que te sientas atascado, esto permanece: Su corazón para ti (lo que eres en verdad) es manso y humilde. Así que acude a Él. Ese lugar de tu vida en el que te sientes más derrotado, Él está ahí. Vive allí, justo allí, y Su corazón para ti, ahora y siempre, es manso y humilde.

Tu angustia es Su hogar. Acude a Él.

«Si conocieras Su corazón, lo harías».

1 Thomas Goodwin, *Encouragements to Faith*, en *The Works of Thomas Goodwin*, 12 vols. (reimp., Grand Rapids, MI: Reformation Heritage, 2006), 4: 223-24.

Reconocimientos

ESTA CONCISA EDICIÓN SE alza sobre los hombros del libro anterior, *Manso y humilde*, y por ello reitero mi profundo agradecimiento a quienes contribuyeron a que apareciera aquella versión inicial: Stacey, Eric, Gavin, Papá, Drew, Mike, Art, Lane, Justin, Dave y Lydia.

Gracias, Josh Dennis y Don Jones, por acercarse a mí con la idea para este libro, y por ser tan alegres y alentadores compañeros de equipo a la hora de escribirlo.

Agradezco a la Iglesia Presbiteriana de Naperville por la licencia de escritura de seis semanas en el verano de 2023, que me dio la temporada concentrada y extendida de tiempo para centrarme en la creación de la versión actual. ¡Qué viaje al amor del Gran Corazón nos encontramos disfrutando juntos, querida iglesia!

Esta nueva versión ha recibido el excelente cuidado editorial de Laura Yiesla, por lo que le estoy muy agradecido. Gracias, Laura.

Dedico este libro a mis cinco maravillosos hijos: Zach, Nate, Jeremiah, Chloe y Ben. Lo escribí para ustedes y sus amigos. Gracias por hablar conmigo de ello y gracias por animarme. Los amo con todo mi corazón. Que conozcan, cada vez más, Su corazón.

Índice general

Índice escritural